Ich widme dieses Buch meinen drei Kindern
Alan, Anthony und Monica,
meine wunderbaren Wegweiser im Bereich der Liebe

Lise Bourbeau

Dein Körper weiß alles über Dich

Eine Anleitung
sich neu zu entdecken

Übertragen aus dem Französischen
von Christian Schweiger

WINDPFERD

Titel der französischen Originalausgabe: *QUI ES-TU?*
Erschienen bei *Les Èditions E. T.C. Inc., Kanada*
© 1988 by Lise Bourbeau

Aus dem Französischen übertragen von *Christian Schweiger*

Windpferd Taschenbuch
10074

5. Auflage 2014

Vollständige Taschenbuchausgabe der im Windpferd Verlag erschienenen
Erstausgabe *Dein Körper weiß alles über dich*

© 2007 Windpferd Verlagsgesellschaft mbH, Oberstdorf
Alle Rechte vorbehalten
Umschlagkonzeption: Guter Punkt, München
Umschlaggestaltung: atelier-sanna.com, München
Covermotive: © fotolia.com
Lektorat: Sylvia Luetjohann
Satz und Layout: Marx Grafik & ArtWork
Gesetzt aus der Bembo
Druck: Himmer AG, Augsburg

Printed in Germany
ISBN 978-3-86410-074-1
www.windpferd.de

Inhalt

Danksagung

Ich danke allen meinen Lesern für ihr Vertrauen. All die Zeugnisse, Stellungnahmen und Fragen der letzten Jahre haben maßgeblich zu meiner Arbeit beigetragen.

Tausend Dank all jenen, die bei der Fertigstellung dieses Buchs mitgewirkt haben: Jean-Pierre Donjon, Michel Jasmin, Odette Pelletier, Sylvie Sallard, Francis Leroux, Pierre Nadeau, Ghislaine Gilbert und Johanne Jetté. Und auch die Hilfe der Quelle meines inneren Gottes will ich hier nicht vergessen.

Ein großes Dankeschön geht auch an all jene, denen dieses Buch hilft, das Glück in sich selbst zu entdecken und an ihre Mitmenschen weiterzugeben.

Vorwort

Nach dem wunderbaren Weg, der zwischen meinem ersten Werk *Höre auf deinen Körper, deinen besten Freund* und diesem neuen Buch liegt, freue ich mich von ganzem Herzen, nun das Vorwort für ein neues Buch schreiben zu können.

Ich erlaube mir, dich wieder zu duzen, wie ich es auch in meinen anderen Werken getan habe, da wir schnell Freunde sein werden. Die Lektüre meines ersten Buchs ist zwar hilfreich und wünschenswert für das Verständnis bestimmter Prinzipien, aber nicht unbedingt notwendig.

Dieses Buch richtet sich in gleichem Maße an Frauen und Männer, wenn es sich auch in erster Linie an das weibliche Prinzip wendet, das allen Menschen ungeachtet ihres Geschlechts innewohnt. In meiner jahrelangen Arbeit ist mir klar geworden, dass das männliche Prinzip nicht nur bei Männern zum Ende dieser materialistisch orientierten Epoche sehr überhandgenommen hat.

Das weibliche Prinzip hilft uns loszulassen, unlogische Dinge zu tun, unserer Eingebung zu folgen, den Kontakt zur inneren Schöpfungskraft zu hegen, Zärtlichkeit und Milde zu zeigen. Doch wollten die Frauen den Männern beweisen, dass auch sie stark und mutig sind. Dabei handelt es sich aber um männliche Attribute, ebenso wie der rationale Aspekt des Intellekts. Der weibliche Aspekt schafft Ideen, während das männliche Prinzip sie durch den Verstand umsetzt. Solange wir jedoch versuchen, dadurch Macht auf andere auszuüben, bleibt uns der Zugang zur wahren inneren Macht verschlossen. Gelingt es uns, diese beiden Prinzipien in Einklang zu bringen, so erfahren und erzeugen wir Harmonie.

Jedes Kapitel endet mit einem kurzen Gedanken, den du auf dich wirken lassen solltest. Am besten nimmst du dir nach jedem Kapitel eine Woche lang täglich zwanzig Minuten Zeit, um über diesen Gedanken zu meditieren. Setze dich dazu möglichst aufrecht alleine hin, ohne den Kopf anzulehnen. Überkreuze dabei Hände und Füße, damit der Energiefluss zwischen deiner linken und rechten Körperhälfte, deinem männlichen und weiblichen Prinzip fließen kann. Deine physische Kraft und deine Konzentrationsfähigkeit werden merklich davon profitieren.

Während dein Geist sich auf den Gedanken konzentriert, richtest du deine Aufmerksamkeit zugleich auf deine Atmung. Du visualisierst, wie du weißes Licht einatmest, das direkt in dein Herz fließt. Beim Ausatmen lässt du dieses Licht der bedingungslosen Liebe all jenen zukommen, die du liebst. So bekommst und spendest du Liebe bei jedem Atemzug. Diese Atemübung wird dir sehr dabei helfen, dich zu entspannen, und du wirst dich umso besser auf den Gedanken des Tages konzentrieren können.

Ich und dein innerer Gott begleiten dich auf dieser Initiationsreise durch Verständnis und Interpretation. Ich hoffe von ganzem Herzen, dass dieses Buch dazu beiträgt, dich selbst besser kennenzulernen und **die außergewöhnliche Person zu entdecken, die in dir steckt. Es wird dir viel leichter fallen, dich selbst zu lieben und die große Liebe in deinem Umfeld zu verbreiten.**

Lise Bourbeau

1. KAPITEL

Du bist eine Seele in Entwicklung

Deine Seele hat sich zu ihrer Entwicklung auf dieser Erde inkarniert. Dafür braucht sie ein Behältnis, deinen Körper. Die Seele sitzt mitten in diesem Vehikel, im Herzen. Das Ziel jeder Inkarnation ist Glück und Harmonie. Der einzige Weg, der dahin führt, ist bedingungslose Liebe, eine Liebe ohne jegliche Erwartungen. Der Sitz der Seele befindet sich keineswegs zufällig in unserem Herzen. Öffnen wir unser Herz, tragen wir wesentlich zu ihrer Entwicklung bei. Unser Körper – Vehikel und Hülle dieser Seele – bringt auch ihr Innenleben zum Ausdruck. Im Lauf ihrer Entwicklung perfektioniert sich auch dieses Werkzeug. Der Mensch lernt aus seinen Lebenserfahrungen, um schließlich Meister seiner Sinne zu werden.

Die Welt ist eine Schule, in der wir Kurse besuchen und Erkenntnisse erwerben, um uns selbst kennenzulernen und zu erfahren, was wir alles an uns verändern müssen, um zum absoluten Glück, dem Ziel unserer seelischen Existenz zu gelangen. Ja, unser Lebensweg ähnelt unserer Schullaufbahn in vielerlei Hinsicht.

Stell dir vor, du hättest beschlossen, die Universität zu besuchen. Du bist bester Zuversicht und schreibst dich bei den nötigen Kursen ein. Sagen wir, du beginnst ein Ingenieurstudium. Nach den ersten Wochen siehst du, dass dieses Studium wesentlich schwieriger ist als erwartet. Auch die

Uni und die Leute dort sagen dir nicht wirklich zu. Vielleicht gefallen dir auch die Professoren nicht so recht. Alles in allem ist dieses Studium einfach viel härter, als du es dir vorgestellt hattest. Du hast nun die Wahl, aufzugeben, etwas anderes zu tun und diesem Wunsch nicht mehr zu folgen. Oder aber du beschließt, mehr Toleranz, Geduld und Verständnis an den Tag zu legen, um schließlich festzustellen, dass die Bedingungen vielleicht doch nicht ganz so schlimm sind, wie sie anfangs aussahen, da du sie jetzt aus einem anderen Blickwinkel siehst.

In jedem Erdenleben besuchen wir andere Kurse, um neue Dinge zu lernen. Alles Gelernte soll uns helfen, unsere Mitmenschen und unsere Umwelt mehr lieben zu lernen, um einen immer engeren Kontakt zu Gott, dem Schöpfer des Universums, herzustellen, der uns allen innewohnt.

Auch die größten Gelehrten, Genies und Schöpfer der Erde stellen letztendlich ihren Geist in den Dienst der Menschheit und der Erkenntnis der großen Harmonie. Wer jedoch seine Talente, Energie oder Zeit gegen die Gesetze der Liebe einsetzt, wird in diesem oder späteren Leben die Konsequenzen dafür tragen müssen.

Alle Handlungen und Worte, die gegen das große Gesetz der Liebe verstoßen und Leid bringen, müssen später von ihrem Verursacher selbst durchlebt werden. Wir sammeln also in jedem unserer Leben Handlungen, Gedanken und Worte an, die uns oder unseren Mitmenschen abträglich sind, müssen sie jedoch schließlich am eigenen Leib erfahren, um in unserem Herzen empfinden zu können, was wir anderen auferlegt haben. So lautet das große Gesetz von Ursache und Wirkung, das **Gesetz des Karma.** In jedem Leben müssen wir Teile dieser Ansammlung abbauen, um auf unserem Seelenweg weiterkommen zu können.

Wir befinden uns im angehenden **Wassermann-Zeitalter**. Die Erde empfängt besondere Energien, die den Menschen ermöglichen, sich wesentlich schneller zu entwickeln. Heute ist es möglich, in einem einzigen Leben Strecken zurückzulegen, die früher Dutzende Leben in Anspruch nahmen. Es ist demnach ein großes Privileg, in unserer heutigen Zeit leben zu dürfen.

Alles, was dir in deinem Leben widerfährt, hat seinen Grund: Es soll dich lehren, mehr zu lieben. Anstatt also ständig anderen Vorwürfe für das zu machen, was in deinem Leben geschieht, solltest du erkennen lernen, dass alles dies Teil deines Lebensplans ist. Du wirst so lange mit denselben Problemen konfrontiert werden, bis du gelernt hast, sie zu akzeptieren. Du kannst gewissen Situationen ein ganzes Leben lang Widerstand leisten. Sobald du jedoch akzeptierst, dass du hier etwas erntest, was du früher einmal gesät haben musst, wird das Problem nicht nur erträglicher, sondern bald auch überwunden sein. Stelle dir Fragen wie: „Was habe ich aus dieser Situation zu lernen? Wie kann ich durch diese Erfahrung mehr lieben lernen?" Alles, was in unserem Leben geschieht, ist vorübergehend. Es liegt nur an dir zu entscheiden, wie lange es dauert.

Dein Körper ist ein ausgezeichnetes Barometer für den Zustand deiner Seele. Er ist ein wunderbares Geschenk. In den folgenden Kapiteln wirst du sehen, wie deine Seele durch ihn zum Ausdruck kommt. Wir können den Menschen in die drei Sphären Geist, Körper und Seele oder auch nach sieben Energiezentren unterteilen.

Stell dir deine Seele wie eine kleine innere Sonne vor. Jedes Mal, wenn du aus Liebe handelst, aus Liebe gibst, Liebe empfindest oder mit Liebe sprichst, wird diese Sonne größer in dir, wird wärmer und heller. Je größer diese Sonne in dir wird, desto mehr Licht strahlst du aus. Es wärmt dich ebenso wie deine Mitmenschen. Es erleuchtet deine Gedanken, Wünsche und Ziele. Alles wird klar in dir.

Deine Nächsten werden durch deine Gegenwart erhellt. Du wirst die Gabe des rechten Wortes zur rechten Zeit entwickeln, und man wird dir dankbar für dieses Licht sein. So sehen die Handlungen einer Seele aus, die ihren inneren Gott akzeptiert.

Entwicklung setzt voraus, dass du Veränderungen zulässt, ohne die kein Wachstum möglich ist. Schau dich um: Wir können viel aus der Betrachtung von Bäumen, Blumen und der Natur im Allgemeinen lernen. Wandelt sich eine Rose nicht ständig während ihres Wachstums? Ohne Wachstum stirbt sie ab. Dasselbe gilt für uns Menschen.

Viele leben heutzutage leider nicht wirklich in ihrem Körper. Sie existieren zwar, sind aber fast lebende Tote, weil sie sich der Energie der Liebe verschließen. Ihr Bewusstsein erwacht sehr langsam, was ihnen nicht ermöglicht, wahres Glück zu erfahren.

Hast du Angst vor dem Wandel? Mach dir keine Sorgen! Das geht den meisten Menschen so, weil sie Veränderungen oft mit Scheitern gleichsetzen. Im sehr materialistisch geprägten Fische-Zeitalter war es für die Menschen ein Zeichen der Stabilität und Weisheit, immer dasselbe zu tun. Sieh dir deine Familie an: Wahrscheinlich haben deine Eltern oder Großeltern immer am selben Ort gelebt und gearbeitet und ihr ganzes Leben lang denselben Beruf ausgeübt und an dieselben Werte geglaubt. Da war wenig Platz für Wandel. Mit 90 hatten sie noch dieselbe Vorstellung von Gut und Böse wie mit 30. Die Entwicklung ging nur recht schleppend vor sich.

Im anbrechenden **Zeitalter des Wassermanns,** der **Spiritualität** und des **Seins,** können wir nicht so weitermachen. Personen, die 40 Jahre lang denselben Beruf ausgeübt haben, werden immer seltener. Wie viele Menschen arbeiten heute in einem völlig anderen Feld als zu Beginn ihrer Laufbahn? Diese Veränderungen gehören zur aktuellen Entwicklung der Erde.

Wie viele Menschen haben nicht das Gefühl eines furchtbaren Fehlschlags, weil ihre Ehe gescheitert ist? Warum, glaubst du, lassen sich heutzutage so viele Paare scheiden? Sind die Leute heute schlechter als früher? Wohl kaum. Sie sind vielmehr wesentlich offener und haben ein immer größeres Bedürfnis, sich zu entwickeln. Behindern sich zwei Partner gegenseitig in diesem Entwicklungsprozess, so ist eine Trennung eher förderlich. Der Drang nach Selbstentfaltung kann durch nichts im Zaum gehalten werden. Leistet einer der beiden pausenlos Widerstand gegen die Entscheidungen des anderen, können sie nicht länger zusammenleben.

Wären Paare imstande, diesen Umstand zu akzeptieren und zu verstehen, dass die augenblicklichen Umstände es ihnen nicht ermöglichen, zusammenzuleben, würde ihnen alles wesentlich leichter fallen. Sie würden Freunde bleiben und sich auch noch nach der Partnerschaft problemlos sehen können. Eine solche Trennung ist kein Fehlschlag.

Führt sie jedoch zu Feindseligkeit, Hass und Rachsucht, so ist das traurig für die Seele, die nach Liebe sucht. Entscheiden sich zwei Seelen, die sich lieben, einander in Liebe, gegenseitiger Hilfe und Einverständnis zu verlassen, so können sie aus einer solchen Trennung viel lernen. Vielleicht finden sie eines Tages auch wieder zueinander. Wer weiß?

Die Hauptsache ist, dass jeder von uns nach immer mehr Liebe strebt, die unseren Mitmenschen ebenso gelten sollte wie uns selbst. Die Wirklichkeit besteht nicht aus den Ereignissen, deren Zeuge du bist oder an denen du teilhast, sondern ist das Leben deiner Seele. Unsere Welt ist eine riesige Illusion, was nicht unschwer aufzuzeigen ist. Stellen wir uns zehn Personen vor, die einen Abend gemeinsam verbringen. Befragen wir sie danach einzeln über örtliche Gegebenheiten, Gastgeber oder Ereignisse dieses Abends, so werden die einzelnen Aussagen sich wohl kaum decken. Jeder wird den Raum, die anderen und den ganzen Abend völlig anders wahrgenommen haben. Warum? Weil wir unser Leben ständig nach unseren Wahrnehmungen schaffen. Wir tun das, um bestimmte Erfahrungen zu machen, um uns selbst besser kennenzulernen und zu entdecken, was wir an uns ändern müssen. Das geht jedoch bei jedem anders vor sich.

Noch ein Beispiel? Bitten wir drei Kinder aus derselben Familie, ihre Eltern für uns zu beschreiben. Wir werden uns nicht des Eindrucks erwehren können, dass sie nicht dieselben Eltern haben. Während das eine über eine zu strenge Mutter klagt, schwärmt das andere von ihrer Zärtlichkeit usw. Diese Meinungen unterscheiden sich durch die individuelle Wahrnehmung jedes Kindes. Diese Wahrnehmung wiederum hängt davon ab, was jedes Kind aus seinem Familienkontext zu lernen hat.

Warum fällt es besonders materialistischen Menschen, denen jegliche Form der Spiritualität fremd ist, so schwer, glücklich zu sein? In ihrem tiefsten Inneren wissen auch sie, dass ihre Seele nach Nahrung und Liebe strebt und auf der Ebene des Seins und nicht nur auf derjenigen des Habens existieren will. Je mehr Materialisten besitzen, desto mehr wollen sie. Sie sind immer auf der Suche nach mehr oder Besserem, ohne zu erkennen, dass sie in Wirklichkeit nach mehr Kontakt mit ihrer inneren Sonne, ihrem inneren Gott suchen, der sich durch die Liebe offenbaren will. Gelingt es dem Menschen, sich der Materie zu bedienen, um zu seinem inneren Gott zu gelangen, so wird Wohlstand auf der Welt herrschen. Gott lässt das ganze Universum im Überfluss gedeihen.

Wozu jedoch dient der Reichtum, wenn das Herz leidet? Bei einem traurigen Herzen aber nehmen die Emotionen überhand und die Gesundheit gerät ins Wanken. Dann sind alle Güter der Welt, alles Geld, alle noch so schönen Häuser, extravaganten Jachten oder Reisen schlichtweg überflüssig. Deine Seele will nur, dass du deine Umwelt dazu benutzt, um auf deinem Weg vorwärtszukommen und dich in Verbindung mit deinem inneren Gott zu setzen, der in allem und jedem steckt. Deine Seele möchte vor allem, dass du seine Größe erkennst, anstatt dich über die unerwünschten Seiten deines Lebens zu beklagen.

Ein recht guter Maßstab für wahre Selbsterkenntnis ist der Vergleich von dem, was wir geben und nehmen. Nur selten geben wir nämlich ohne Erwartungen. Hier handelt es sich um kein Geschenk mehr, sondern um eine Form des Handels. Scheint dir das vertraut, so bewertest du dich eher nach dem, was du von anderen bekommst. Macht man dir ein Kompliment? „Ach Gott, ich muss es sicher verdient haben!" Jemand schenkt dir etwas? „Das ist sicher ein Zeichen der Liebe." Verstehst du? So richten wir unseren Selbstwert nach dem, was wir von anderen erhalten. Die Seele macht eine solche Diät jedoch krank. Große Erwartungen verursachen viele Emotionen. Bei zu vielen Emotionen schreit unsere Seele um Hilfe. Erwartungshaltungen widersprechen dem Gesetz der Liebe, welches besagt, dass wir andere akzeptieren und lieben sollten. Betrachte am Tagesende, was du wirklich bedingungslos gegeben hast, und du weißt, was du wert bist. Du kannst nur geben, was du besitzt. Bald wirst du erkennen, dass du dich gar nicht so anstrengen musst, damit dein Leben sich fügt. Die Dinge werden sich von ganz alleine einrichten, wenn du dich auf deinen wahren Wert konzentrierst und Handlungen bedingungsloser Liebe ausführst.

Eine Möglichkeit des Gebens ist das Verzeihen. Im Augenblick, in dem du jemandem vergibst, verzeihst du dir zugleich denselben Fehler oder dieselbe Haltung. Es ist gar nicht schwer, anderen zu vergeben, wenn wir erkennen, dass sie nach bestem Wissen und Gewissen gehandelt haben und dass sie dich nicht aus Mangel an Liebe, sondern wegen ihres eigenen Leidens verletzt haben. Nichts, was dir widerfährt, geschieht zufällig. Diese Erkenntnis ermöglicht dir, die Folgen des Karma in deinem Leben zu überwinden. Erinnerst du dich vielleicht auch nicht daran, jemanden in ähnlicher Weise verletzt zu haben, so erntest du hier dennoch etwas,

was du einmal gesät hast. Tut man dir weh, so hast auch du in diesem oder einem anderen Leben in Gedanken, Worten oder Handlungen Schmerzen zugefügt.

Es ist unnütz, dir den Kopf zu zerbrechen, wann, wo und unter welchen Umständen dies wohl gewesen sein mag. Versuche einfach zu akzeptieren, dass das große kosmische Gesetz von Ursache und Wirkung sich nie täuscht und kein Unrecht begeht. Daher vergibst du auch dir selbst, indem du anderen verzeihst, und ermöglichst deiner Seele dadurch zu wachsen.

Unser Planet ist heute von einer dicken Schicht von Hass, Egoismus, Rachsucht und Groll umgeben, die aus den niederen Gefühlen hervorgehen, die alle Menschen empfinden. Jeder Akt der Liebe schickt ein bisschen Liebe in diesen Raum. Diese braungraue Aura zeigt, wie krank unser Planet ist.

Die traurige Ironie des Schicksals erfassen wir erst, wenn wir beobachten, wie die Menschen das Leid dazu benutzen, um sich selbst vor Leid beschützen zu wollen, anstatt zu lieben. So weisen z.B. Menschen, die besonders unter Ablehnung leiden, andere ab, um zu vermeiden, ihrerseits zurückgewiesen zu werden. Sie verlieren dadurch das beste Mittel, sich vor solchem Verlust zu schützen. Manche wiederum verurteilen andere, um dem Urteil ihrer Mitmenschen zu entgehen, oder klagen einander an, um nicht selbst angeklagt zu werden. In diesem unendlichen Teufelskreis kommt alles nach dem Gesetz von Ursache und Wirkung pausenlos wieder auf uns zurück.

Versuche all die Dinge, die dir in deinem Leben missfallen, mit etwas Abstand zu betrachten. Schaffst du dir zusätzliche Emotionen oder machst du dich selbst unglücklich? Hasst du es, kritisiert zu werden? Dann beobachte, ob du nicht auch andere kritisierst. Versuche langsam aber sicher, die Energie deiner Umwelt in Energie der Liebe, des Glücks und Friedens umzuwandeln.

Wechselt die Seele am Ende dieses Lebens in eine andere Existenzebene, muss sie die Besitztümer zurücklassen, die sie auf dieser Erde angehäuft hat. **Die Seele nimmt lediglich die Ergebnisse all der Entscheidungen mit sich, die sie im Laufe ihres Lebens und in Folge der erlebten und selbst provozierten Erfahrungen und Ereignisse getroffen hat.** Jeder Sieg der Liebe in schwierigen Situationen bringt seine Vorteile mit sich. Die Seele bewahrt diese Siege und hat diese Situationen nicht erneut zu erleben.

Wie bereits erwähnt, durchlebt unsere Seele in verschiedenen Phasen unterschiedliche Erfahrungen. Mehrere Faktoren sind bereits zu Beginn unseres Lebens vorgegeben. Schon vor ihrer Inkarnation hat die Seele die Wahl ihrer neuen Familie, des Landes und Körpers getroffen, in den sie geboren wird. Du siehst, dass schon zahlreiche Dinge vorbestimmt sind.

Jedem von uns ist jedoch überlassen, wie wir auf diese Faktoren reagieren. Gerade diese Reaktionen, die Entscheidungen in all unseren Erfahrungen aber sind es, welche die Entwicklung unserer Seele ermöglichen und sie langsamer oder schneller, glücklich oder unglücklich gestalten.

Die folgenden Kapitel sollen dir helfen, die Entwicklung deiner Seele zu beschleunigen und dir des bereits zurückgelegten. Aber auch des noch zurückzulegenden Wegs bewusst zu werden.

Ich habe dir bereits im Vorwort ans Herz gelegt, eine Woche lang über den Gedanken zu meditieren, der jedes Kapitel beendet. Das bedarf keinerlei Anstrengung. Lass einfach und ohne Widerstand in dein Bewusstsein treten, was da kommen mag.

Ich bin das Geschenk,
welches Gott mir gegeben hat.
Meine Bewusstwerdung ist
mein Geschenk an Gott.

2. KAPITEL

Du bist, was du siehst

Wirklich! Alles, was du siehst, will dir lediglich zeigen, was bereits in dir steckt. **Deine Welt ist ein Spiegel!** Das ist nicht unbedingt leicht zu akzeptieren. Auch wenn diese Theorie eigentlich nicht kompliziert ist, so sträubt sich unser Stolz doch sehr dagegen, vor allem, wenn wir mit unangenehmen Ereignissen konfrontiert sind. Manchmal fällt es uns aber auch schwer, uns vorzustellen, dass es sich ebenfalls um ein Spiegelbild handelt, wenn wir andere bewundern.

Was siehst du um dich herum? Wie nimmst du die Menschen wahr, mit denen du lebst? Und die, mit denen du arbeitest? Wie siehst du die Menschen generell – im Verkehr, beim Einkaufen, in der Stadt? Alles, was du betrachtest, ist dein Spiegelbild. Gelingt es dir, dich dieser großartigen Idee täglich auch nur einige Momente zu öffnen, wird dein Leben gewaltige Veränderungen erfahren.

Ich gehe davon aus, dass wir alle hier auf Erden sind, um uns besser kennenzulernen und zu entwickeln. Wir sind umgeben von Spiegeln der Selbsterkenntnis. Wohin auch immer wir gehen, was auch immer wir tun, wir können uns ständig in einem Spiegel betrachten. Anstatt aggressive Menschen zu sehen oder Leute, die uns auf die Nerven gehen oder die wir ganz wunderbar finden, sollten wir lernen, sie als unser Spiegelbild zu sehen. Der Tag, ja unser ganzes Leben wird eine völlig andere Wendung nehmen.

Stehst du vor dem Spiegel im Badezimmer, ist es dir völlig klar, dass du hier dein eigenes Bild betrachtest. Ganz gleich, ob dein Gesicht nun verschlossen ist oder strahlt, ob es lacht oder weint, Pickel hat oder nicht, du weißt, es handelt sich da um dich. Auch wenn dir dieses Spiegelbild nicht gefällt, dann machst du dafür doch nicht den Spiegel verantwortlich, oder?

Genau das geschieht jedoch in deinem täglichen Leben. Jeder Mensch, mit dem du in Kontakt trittst, spiegelt Charakterzüge von dir wider. Jeden Tag schafft dein „Überbewusstsein" Situationen, in denen du genau den Menschen begegnest, die du gerade brauchst, um etwas über dich selbst zu erfahren. Wie schon gesagt, diese Idee ist nicht leicht zu akzeptieren. In neun von zehn Fällen ist unsere erste Reaktion: „Das ist doch völlig unmöglich! Ich bin ganz und gar nicht so! Ich bin keinesfalls so egoistisch, so ungeduldig!" Oder aber: „Nein, das bin nicht ich. Ich bin nicht so phantastisch, so ausdauernd, so gut!" Wir vergleichen uns ständig mit anderen, die wir besser oder schlechter als uns selbst finden.

Solange wir jedoch dieser Philosophie anhängen, diesem Weltbild frönen, solange wird auch dieses unakzeptierte Modell bestehen bleiben. Gelingt es dir jedoch zu akzeptieren, dass deine Umwelt dich lediglich reflektiert, und nimmst du dir die Zeit, dich zu fragen: „Ist es möglich, dass ich wirklich so bin? Welche Züge des anderen entsprechen hier mir?", dann hast du bereits begonnen, dein Herz zu öffnen. Deine innere Sonne wird dir alsbald das Licht spenden, das du benötigst, um klarer zu sehen. Diese Öffnung des Herzens öffnet auch das Stirn-Chakra. Das Licht des Herzens führt schließlich zur Erleuchtung, und ganz plötzlich wird es dir „einleuchten": „Ich hab's kapiert!" Mit diesem Bewusstsein wird dich ein enormes Glücksgefühl durchfluten.

Hier ein Beispiel: Nehmen wir an, du findest deinen Partner faul, weil er sehr viel Zeit vor dem Fernseher verbringt. Stört dich das und urteilst du über ihn? „Ich muss ihn immer zu allem antreiben! Ich hab's satt, dass nichts geschieht, ohne dass ich ihn dazu auffordere!" Dann hast du etwas aus dieser Situation zu lernen. Vielleicht geht es dir auch auf die Nerven, dass die Kinder keinen Finger im Haushalt rühren, und du wirfst Ihnen vor, Faulpelze zu sein. All das ist lediglich dazu da, dir zu zeigen, dass auch du deine „faulen" Seiten hast. Natürlich findest du dich selbst überhaupt nicht faul, bist ja auch viel zu sehr damit beschäftigt, den anderen Familienmitgliedern auf die Finger zu schauen. Etwas in dir hält es für unverschämt, faul zu sein, und du hast es dir selbst nie erlaubt. Dieses Verhaltensschema hat sich dir in einer bestimmten Lebensphase – meist durch Erziehung – eingeprägt. Vielleicht warst du nach einem untätigen Tag einmal besonders unzufrieden mit dir. Heute stört dich das Bild, das du dir von der Faulheit gemacht hast, ganz besonders. Es widerstrebt dir, andere genau das tun zu sehen, was du dir selbst nicht gönnst. Nicht, dass du deswegen nun wirklich alles tagelang stehen und liegen lassen würdest, aber manchmal würde es dir wohl einfach gut tun, alle viere von dir zu strecken und es dir gut gehen zu lassen. In anderen Momenten wäre das wieder nicht die richtige Lösung. Siehst du, was ich meine?

Das gilt für uns alle. Bei genauerem Hinsehen gibt es weder Gut noch Böse. Wir haben nicht das Recht, über jemanden oder etwas zu urteilen. Jeder Mensch handelt so gut er kann. Wer hat denn die Konsequenzen seines eigenen Fehlverhaltens schließlich zu tragen? Daher sollten wir uns jeden Urteils und jeder Kritik enthalten. Benutze alles, was du um dich wahrnimmst, um mehr über dich selbst zu erfahren.

Willst du diese Erfahrung noch intensiver machen, so gibt es dafür eine ausgezeichnete Übung: Entspanne dich und stelle dir die Person vor, die dich gerade am meisten stört. Wähle jemanden, der ganz besonders vehemente Reaktionen in dir auslöst. Notiere nun die Charakterzüge dieses Menschen, so als würdest du ihn jemandem beschreiben, der ihn nicht kennt. Beschreibe all seine Mängel, aber auch seine Vorzüge. Wenn du damit fertig bist, sieh dir die Liste genau an und frage dich, welche dieser Charaktereigenschaften auch auf dich zutreffen. Und glaub mir, es kann Jahre dauern, bevor dir klar wird, dass jeder dieser Punkte auch für dich gilt. Die Dauer dieses Prozesses ist jedoch nebensächlich. Wichtig und beruhigend ist einzig und allein der Umstand, dass du dich entschlossen hast, dich selbst durch den Spiegel der Welt besser kennenzulernen, anstatt über die anderen zu richten. Das Wunderbare an dieser Arbeit ist vor allem, dass du deinen Mitmenschen ab dem Augenblick, in dem du dich selbst in ihnen erkennst, nicht mehr böse sein kannst. Du siehst sie nicht mehr als Außenstehende, sondern kannst nachvollziehen, was sie erleben und empfinden.

Stört dich die Verschwendungssucht anderer? Dann wirfst du wohl auch dir selbst vor, verschwenderisch zu sein, auch wenn dies nicht unbedingt dieselben Dinge betrifft. Vielleicht verschleudern sie materielle Dinge, während du nicht behutsam genug mit deiner Zeit und deinen Worten umgehst. Oder du verschwendest deine Energie, indem du versuchst, das Leben deiner Mitmenschen zu ändern, anstatt dich um deine eigene Entwicklung zu kümmern. Du solltest versuchen, dich so objektiv wie möglich selbst unter die Lupe zu nehmen, um festzustellen, in welchen Bereichen solche Mängel auf dich zutreffen könnten.

Bist du gereizt, weil dich ein − deiner Ansicht nach furchtbar schlechter − Autofahrer zu knapp überholt und dir dabei Angst macht? Was ist deine erste Reaktion? Wirst du wütend, kritisierst oder verurteilst du ihn? Ist das der Fall, dann könntest du das nächste Mal etwas anderes versuchen. Hast du den ersten Schreck überwunden, analysiere die Situation und versuche festzustellen, was dich genau am Verhalten des anderen gestört hat. Ist er deiner Ansicht nach zu schnell gefahren? Oder hat dich vor allem der Mangel an Respekt oder Aufmerksamkeit aufgeregt? Ist es das, dann stelle dir die Frage, in welchen Situationen du selbst anderen gegenüber respektlos oder unachtsam warst. Wann versuchst du anderen deinen Willen aufzudrängen? Beschneidest du vielleicht deinen Partner, deine Kinder oder Arbeitskollegen in ihrer Freiheit?

Stört es dich, wenn du Leute siehst, die besser aussehen als du? Bist du neidisch auf das tolle Haus eines Nachbarn, die schicken Kleider deiner Bekannten, die tolle Stelle, das größere Einkommen oder den beeindruckenden Titel anderer − vor allem weil du das Gefühl hast, besser zu sein, mehr zu leisten und es mehr zu verdienen als sie? Warum werden all diese Dinge, die du doch so anstrebst, einfach nicht wahr? Einzig und allein wegen dir selbst. Du blockierst sie durch das – oft völlig unbewusste – Gefühl, sie nicht zu verdienen, oder wegen der Überzeugung, dass Reichtum schlecht oder unspirituell ist, etwa nach dem Motto „Alle Reichen sind Gauner". Aus welchen Gründen auch immer, irgendwann in deinem Leben hast du beschlossen, diese schönen Dinge nicht zu verdienen. Das ist der einzige Grund, warum du sie nicht bekommen kannst.

Stell dir jemanden vor, der deines Erachtens zu viel isst, zu viel trinkt und sich zu wenig unter Kontrolle hat. Was stört dich daran? Der Mangel an Kontrolle? Die Abhängigkeit? Ist es Ersteres, so solltest du dir darüber klar werden, dass auch du manchmal die Kontrolle über deine Empfindungen verlierst und dass du dieses Gefühl verabscheust. Weil du dich aber nicht so akzeptierst oder sehen willst, wie du wirklich bist, versuchst du ständig, deine Bedürfnisse zu unterdrücken, hinderst dich daran, zu essen oder deine Sinne zu befriedigen. Diese Art von Kontrolle aber, die deinen wahren Wünschen entgegenläuft, erzeugt Spannung, die sich früher oder später Luft machen muss. Das führt häufig zu Krankheiten, Alkoholismus, Fresssucht oder sexuellen Obsessionen. Versuchst du, dein Leben allzu sehr zu kontrollieren, werden deine Sinne im Laufe der Zeit aus den Fugen geraten. Sie wollen nicht gezügelt, sondern gemeistert werden.

Wie werden wir nun aber unser eigener Meister? Zuerst müssen wir akzeptieren, dass wir uns zurzeit nicht unter Kontrolle haben, deshalb jedoch noch lange keine schlechten Menschen sind. Sage dir, dass du nicht dein ganzes Leben so verbringen willst, aber dass es für den Augenblick okay ist. Das Wichtigste daran ist, dich selbst voll und ganz zu akzeptieren, auch wenn du manchmal die Beherrschung verlierst.

Den Preis musst ohnehin du bezahlen. Gelingt es dir, damit aufzuhören, über dich und die Welt zu urteilen, so wird es dir auch gelingen, dein Problem in den Griff zu bekommen. Solange du dir aber vormachst, keineswegs so zu sein und alles unter Kontrolle zu haben, erzeugst du fürchterlichen Stress, der dich nur vorzeitig altern lässt.

Zurück zum Beispiel der Abhängigkeit, wobei es ganz gleich ist, ob es sich hier um Magersucht oder Probleme mit Alkohol, Drogen oder Medikamenten handelt. Stört sie dich an anderen, so leidest auch du an einer Form von Abhängigkeit. Von wem oder was bist du abhängig, um glücklich zu sein? Von deinem Partner, deiner Arbeit, von Naschereien, Nudelgerichten oder der Meinung anderer? Akzeptiere, dass du im Augenblick nicht besser handeln kannst und dass du eines Tages von nichts und niemandem mehr abhängig sein wirst. So wirst du auch die Abhängigkeit anderer akzeptieren und aufhören, sie deshalb zu kritisieren.

Du wirst begreifen, dass Menschen, die sich nicht beherrschen können, die Macht über sich selbst verloren haben. Diese Macht ist die Kraft, unser eigenes Leben nach unseren Wünschen zu gestalten. Die meisten Menschen leben in mehr oder weniger großer Abhängigkeit von den verschiedensten Dingen. Nur wenige sind wirklich in der Lage, ohne jegliche Erwartungen glücklich zu sein. Lernen wir uns selbst besser kennen und werden unser eigener Meister, dann befreien wir uns langsam aber sicher auch von unseren Abhängigkeiten.

Was fällt dir auf, wenn du dir einmal die Zeit nimmst, dich ganz genau nackt im Spiegel zu betrachten? Was gefällt dir an dir? Welche Partien hättest du lieber anders? Solltest du nicht den Großteil deines Körpers so akzeptieren, wie er ist, wie sollen es dann die anderen? Dein Körper soll dir helfen, dich besser kennenzulernen, und ist nicht dazu da, dich abzuwerten. Findest du dich hässlich, zu klein oder zu dick, dann ist das sicherlich nicht die rechte Methode, dich selbst schätzen zu lernen und die Liebe anderer auf dich zu lenken. Ein späteres Kapitel geht genauer darauf ein, wie du dich selbst anhand deiner Körperformen kennenlernen kannst.

Versuche, dir bewusst darüber zu werden, was du siehst, wenn du dich betrachtest, und du wirst wertvolle Ausschlüsse darüber gewinnen, wie du dich als Mensch einschätzt. Genau dieses Bild von dir selbst projizierst du auch auf deine Mitmenschen. Beobachte, wie sich deine Haltung ändert, wenn du schön gekleidet, geschminkt und nach deinem Geschmack frisiert aus dem Haus gehst. Du trittst selbstsicherer auf, fühlst dich gut und bist voller Enthusiasmus und Lebensfreude. Warum nur? Ganz einfach, weil du dich schön findest. Warum kannst du dich nicht jeden Tag schön finden?

Empfindest du heute noch das Bedürfnis oder die Notwendigkeit, etwas an dir verändern zu müssen, um dich schön zu finden, dann akzeptiere auch das. Der Tag kommt bestimmt, an dem du dich auch dann schön finden kannst, ohne besonders gekleidet oder frisiert zu sein.

Was siehst du, wenn du spazieren gehst? Fallen dir besonders die schönen Dinge auf, die den Kontakt zu deinem inneren Gott herstellen? Bist du dankbar für die schöne Natur, die Lebensfreude und Glück in dir erweckt? Oder stört dich eher der Schlamm, der Wind oder der viele Schnee, der weggeschaufelt werden muss? Warum verlegst du dein Augenmerk nicht eher auf die glitzernden Schneekristalle?

Bemühe dich darum, die Schönheit in allem zu erkennen. Dein ganzes Leben wird davon profitieren, denn Harmonie ist das wichtigste Bedürfnis deines Emotionalkörpers. Je mehr Schönheit du um dich und in dir entdeckst, desto schöner wird auch dein Leben.

Es hängt allein von dir ab, womit du dich umgibst. Wähle einen Wohnort, der dir gefällt. Kaufe dir schöne Kleider, lese schöne Dinge. **Sieh das Schöne in allen Dingen.**

Was fällt dir auf, wenn du das erste Mal in ein Haus kommst? Baufehler oder Dekorationsmängel? Oder bemerkst du zuerst die schönen Details? Dein Leben kann sich in einem Augenblick wandeln, je nachdem, worauf du dein Augenmerk lenkst. Nichts und niemand auf der Welt kann über dich bestimmen, auf welche Weise du Dinge, Menschen oder Situationen wahrnimmst. Natürlich können andere dich dabei beeinflussen, doch hängt die Entscheidung einzig und allein von dir selbst ab. Das ist die Macht, dein eigenes Leben zu schaffen. Ja, es handelt sich hier tatsächlich um Macht: die Macht, überall Schönes wahrnehmen zu können.

Dein Bewusstsein und dein Unterbewusstsein werden von deinen Sinneswahrnehmungen gespeist. Alles, was du liest oder siehst, ist Nahrung für den Geist. Es liegt ganz bei dir, darüber zu bestimmen, ob diese Nahrung dich bereichert oder nicht.

Stell dir vor, du liest eine Zeitschrift, eine Zeitung oder ein Buch, und nach einer bestimmten Zeit fühlst du dich nicht wohl dabei. Erfüllt dich deine Lektüre nicht, dann hör auf deine Eingebung und lege sie beiseite. Sie ist deshalb nicht unbedingt schlecht, sondern einfach in diesem Augenblick nicht in Einklang mit deinen momentanen Bedürfnissen. Inspiriert dich deine Lektüre nicht so, wie du es erhofft hast, dann zwingt dich nichts dazu, sie fortzusetzen oder das Buch zu behalten. Dann tu etwas anderes oder wirf das Buch weg, wenn du dich besser dabei fühlst.

Eine der außerordentlichsten Formen des Sehens ist jedoch das kreative Visualisieren. Mach es dir zur Gewohnheit, dich selbst vor deinem geistigen Auge so zu sehen, wie du sein möchtest. Stell dir die Dinge in allen Details vor, die du gerne erleben möchtest, anstatt deine Gedanken auf das zu beschränken, was nicht nach deinen Wünschen läuft.

Entspricht die Realität nicht deinen Vorstellungen, dann mache eine kurze Pause, schließe die Augen und visualisiere dein Leben so, wie du es gerne hättest. Beschließe ganz einfach, die Situation in deinem Bewusstsein durch eine andere nach deinem Geschmack zu ersetzen. Stelle dir den Ablauf und die beteiligten Personen genau so vor, wie du sie gerne hättest. Vielleicht wirst du mir entgegenhalten: „Aber wozu soll ich mir da etwas vormachen?" Dann überlege dir Folgendes: Was ist wichtiger für dich? Bist du lieber glücklicher oder hast du lieber recht? Setzt du dich lieber unangenehmen Gefühlen aus oder fühlst du dich lieber gut in den kurzen Augenblicken, in denen du dir schöne Dinge vorstellst? Du bist zwar der Schöpfer deines eigenen Lebens, aber zuerst musst du damit beginnen, es dir konkret vorzustellen. Alle Schöpfungen der Menschheit wurden zuerst gedacht, bevor sie in die Wirklichkeit umgesetzt wurden.

In den folgenden Kapiteln sollst du erfahren, wie wir solche geistigen Bilder wirklich werden lassen. Der erste Schritt ist aber in jedem Fall eine möglichst konkrete Visualisierung bis ins kleinste Detail. Anstatt dir zum Beispiel beim Blick in den Spiegel Vorwürfe für die 15 Kilo zu machen, die du deiner Ansicht nach loswerden solltest, schließe deine Augen und sieh dich vor deinem inneren Spiegel mit 15 Kilo weniger. Visualisiere dieses Bild so klar und so oft wie möglich.

Das bedeutet keineswegs, sich irgendwelchen Illusionen oder Phantasien hinzugeben. Wir machen uns vielmehr die kreative Kraft zunutze, die uns allen gegeben wurde, um unseres eigenen Glückes Schmied zu sein. Ich wünsche dir eine glückliche Visualisierung.

Ich möchte dieses Kapitel mit einem Leitspruch beenden, den du dir in der nächsten Woche möglichst oft vergegenwärtigen solltest:

Die Schönheit, die sich
in meiner tiefsten Seele
versteckt, kann nur mit
den Augen des Herzens
gesehen werden.

3. KAPITEL

Du bist, was du hörst

Tatsächlich! Der wunderbare Sinn des Gehörs bietet uns die Gelegenheit, uns besser kennenzulernen und zu erfahren, wer wir wirklich sind. Ist es möglich? Die meisten Menschen hören weniger als zehn Prozent dessen, was man ihnen sagt! Sie haben die Gabe, nur zu hören, was ihnen passt. Sie haben einen inneren Filter für die erhaltenen Informationen. Die meisten von uns gehören wohl zu diesen Menschen.

Unsere Ohren sollten dazu benutzt werden, Liebe zu vernehmen. Scheint dir das überspitzt, vor allem, wenn du das Gefühl hast, dass du vielmehr ständig kritisiert wirst, dann wirst du sicher erwidern: „Wie soll ich die Liebe aus den Worten meines Mannes hören, dem ich nichts recht machen kann?"

Aber drehen wir den Spieß doch einmal um: Bist du denn in der Lage zu sagen, was dich selbst dazu bewegt, wenn du anderen Vorwürfe machst? Kritisierst du andere, weil du sie nicht liebst? Ist es nicht eher so, dass du sie zu sehr oder schlecht liebst? Was jedoch zählt ist der Umstand, dass hinter deiner Kritik letztlich eine Form der Liebe steckt. Ganz gleich, ob es sich nun um deinen Partner, dein Kind oder einen Freund handelt, deine Kritik besagt lediglich, dass sie nicht deinen Wünschen entsprechen. Die fragliche Person hätte anders handeln sollen, um den Erwartungen entgegenzukommen, die du entwickelt hast, seit du sie kennst.

Nun bist du enttäuscht, weil sie nicht so handelt, denkt oder spricht, wie du es gerne hättest. Warum kritisierst du sie jetzt? Ganz einfach, weil du ihr helfen willst, klarer zu sehen, da du innerlich davon überzeugt bist, dass sie anders hätte handeln sollen.

Hinter jeder Kritik steckt Liebe. Um sie zu entdecken, genügt es oft, genauer hinzuhören. Wäre dir die kritisierte Person völlig gleichgültig, so wäre es dir auch völlig egal, was sie tut oder sagt. Deinen Mitmenschen geht es umgekehrt genauso mit dir. Wenn sie dich kritisieren, so zeigt das, dass du ihnen etwas bedeutest. Ist dir außerdem aufgefallen, dass man dich wegen bestimmter Handlungen oder Haltungen, deiner Kleidung, deiner Frisur, deiner Arbeit, bestimmten Aussagen usw. kritisiert? Dies stellt also keineswegs dein wirkliches Wesen, deine eigentliche Essenz in Frage. Weckt Kritik bestimmte Emotionen in dir, so fühlst du dich zurückgewiesen oder meinst, dein tiefstes Wesen werde nicht geliebt. Das ist jedoch keineswegs der Fall. Du wirst als Mensch geliebt, während die Kritik lediglich einem bestimmten Verhalten gilt.

Stell dir vor, jemand klagt dir sein Leid. Nimmst du sofort an, dass der andere dich hier um Rat fragt, oder kommt dir in den Sinn, dass dieser vielleicht nur einen aufmerksamen Zuhörer sucht? Was tust du, um dieser Frage auf den Grund zu gehen? Ich frage dich das, weil wir nur allzu oft davon überzeugt sind, eine Antwort auf alles zu haben. Bevor wir uns fragen, was der andere wirklich braucht, überschütten wir ihn schon mit unseren guten Ratschlägen. Wir sind davon überzeugt, seine Probleme lösen zu können, und sehen uns schon mit seiner Dankbarkeit überhäuft. Die Wirklichkeit sieht jedoch meist ganz anders aus. Wer sich beklagt, ist meist nicht willens, auch nur das Geringste in seinem Leben zu ändern. Auch dein guter Rat wird daran nichts ändern, der interessiert ihn überhaupt nicht.

Brennst du wirklich darauf, deinen Rat loszuwerden, weil du ehrlich davon überzeugt bist, eine Lösung für ein dargelegtes Problem zu haben, dann überzeuge dich zuerst, ob der andere ihn wirklich hören will. Hat er seine Geschichte erzählt, so frage ihn, ob er deine Hilfe, deine Meinung, deine Vorschläge hören will. Seine Reaktion wird dir Aufschluss darüber geben, welche Haltung du einnehmen sollst.

Oft sollten wir uns unseren eigenen Rat selbst am meisten zu Herzen nehmen. Er trifft häufig viel mehr auf unsere eigene Situation als auf die des anderen zu. In einem Sprichwort heißt es: Du kannst all dein Geld und Gold deiner Katze schenken, aber was wird sie nur damit machen? Gib ihr lieber ihr Lieblingsfutter und du hast ihr mehr gedient. Mit den Menschen ist es kaum anders. Finde heraus, was sie wirklich brauchen, und erzähle ihnen, was sie hören wollen, dann sind sie im siebten Himmel. Mit Naturliebhabern kannst du über Natur reden, darüber, wie Gott in den Bäumen, Blumen und der Sonne zum Ausdruck kommt, und der andere wird deine Sprache verstehen.

Kennst du Leute, die dir ständig ihr Leid klagen, ohne dass deine Antworten sie auch nur im Geringsten zu berühren scheinen? Beim nächsten Mal kannst du versuchen, ihnen zu sagen: „Ich habe alles gehört, was du mir erzählt hast. Jetzt wäre es schön, wenn du mir auch erzählen könntest, was du nun tun willst, um dieses Problem zu lösen." Vielleicht haben sie aber nicht die geringste Lust, so etwas von dir zu hören, und werden antworten: „Aber jetzt hör doch mal zu! Ich habe ja gar keine Wahl! Ich kann nichts an dieser Situation ändern, da alle gegen mich sind." In diesem Fall solltest du dich aus der Diskussion zurückziehen und klarstellen, dass du sie gern anhören möchtest, aber nur, wenn sie auch an einer Art Aktionsplan gearbeitet haben, um aus der Krise zu kommen. Mit einer solchen Haltung läufst du natürlich Gefahr, die anderen vor den Kopf zu stoßen. Manche werden sogar wütend auf dich sein oder überhaupt nicht mehr mit dir reden wollen. Du kannst deine Mitmenschen dadurch aber auch genauso dazu bringen, ihre Mechanismen, ja ihr ganzes Leben zu überdenken und aus einem etwas anderen Blickwinkel zu betrachten.

Viele beklagen sich lediglich, um beschwichtigende Antworten zu erhalten wie: „Mach dir nichts draus. Das Ganze ist doch gar nicht so schlimm. Alles wird sich regeln, du wirst schon sehen. Hab Geduld und sei guten Mutes. Mit der Zeit wird alles wieder gut!" Oft wollen sie wirklich nur solchen „Trost" hören und werden dir dafür auch noch dankbar sein und am Ende sagen: „Ach, jetzt fühle ich mich schon viel besser. Es tut mir immer gut, mit dir zu reden." In Wirklichkeit haben beide Seiten hier jedoch nicht das Geringste in die Wege geleitet, um die Energie des Unglücks in Glücksenergie umzuwandeln. Du hast lediglich Energie aufgebracht, um den anderen mit den Worten zu trösten, die er hören wollte, was ihn keineswegs aus seiner festgefahrenen Bahn wirft, die ihn so unglücklich macht.

Niemand auf dieser Welt ist für das Glück eines anderen verantwortlich. Auch du nicht! Deine Rolle besteht nicht darin, das Wohlergehen deiner Mitmenschen zu sichern, sondern vielmehr darin, ihnen zu helfen, sich selbst und ihre Umwelt lieben zu lernen und Gott in allen Dingen zu erkennen. Es ist jedenfalls sicher nicht deine Aufgabe, sie zu trösten, damit sie sich weiterhin im Kreis ihrer Kritik und ihrer Probleme drehen.

Hast du nicht manchmal das Gefühl, dass bestimmte Worte einfach falsch klingen? Wie verhältst du dich, wenn du solche Lügen heraushörst? Hörst du deinem Gesprächspartner weiterhin interessiert zu und tust so, als würdest du ihm alles glauben, während du ihn innerlich kritisierst? In diesem Fall bist du auch nicht ehrlicher als der andere! Du lügst genauso, wenn du etwas glaubst und etwas völlig anderes vorgibst. Fällt dir die Falschheit deiner Mitmenschen auf, dann soll dir dies vor Augen führen, dass auch du nicht immer ehrlich bist. Das heißt aber nicht, dass deine Lügen nun als Akt der Bosheit abzustempeln sind. Eine solche Haltung zeugt meist eher von Angst: Angst davor, ausgelacht zu werden; Angst, einer Situation nicht gewachsen zu sein; Angst, etwas Falsches zu tun usw. Akzeptiere, dass auch die Lügen anderer meist auf solchen Ängsten beruhen. Versuche, das verängstigte Kind in ihnen zu erkennen, anstatt sie wegen ihrer Haltung zu kritisieren.

Willst du diese Situation ändern, dann kannst du schon ab heute zu deiner Meinung stehen und ehrlich sein. Erzählt dir jemand Dinge, die sich in deinem Inneren einfach falsch anhören, so sage es einfach. Du kannst das in etwa so zum Ausdruck bringen: „Ich weiß nicht, ob ich mir das nur einbilde, aber ich höre hinter deinen Worten etwas völlig anderes. Ich habe den Eindruck, dass alles, was du mir da erzählst, gar nicht mit dem übereinstimmt, was du in deinem

Inneren erlebst oder was wirklich passiert ist. Ich möchte nur auf Nummer sicher gehen: In mir regt sich da etwas, und wenn ich es nicht sage, dann würde ich dir innerlich wohl Vorwürfe machen. Ich möchte dich aber gar nicht kritisieren." Vermittelst du deine Eingebung auf diese Weise, so warst du dir und dem anderen gegenüber wirklich ehrlich. Egal, wie er nun darauf reagiert, du hast zu deiner Meinung gestanden. Du wirst sehen, dass es dir immer leichter fallen wird, ehrlich zu sein.

Wie reagierst du auf Autorität, wenn man dir befiehlt, was wann oder wie zu tun ist? Hättest du am liebsten Lust, genau das Gegenteil zu tun? Kommst du nur schwer mit autoritären Menschen zurecht? Erinnere dich an die Theorie des Spiegels: Stört dich eine bestimmte Haltung, so spiegelt sie etwas wider, was bereits in dir steckt. Vielleicht möchtest du dir das aber auch nicht eingestehen. Es kann durchaus sein, dass du nicht autoritär auftrittst, in deinem Inneren jedoch durchaus einen Hang zu einer solchen Haltung hast. In jedem Fall wirst du dich selbst oder aber andere kritisieren, wenn deine äußere Haltung nicht deiner inneren entspricht. Niemand wird sich jedoch dabei wirklich wohl in deiner Gegenwart fühlen, da dieses Klima der Kritik unstimmige Schwingungen um dich verursacht.

Es hängt ganz von dir ab, ob du bestimmte Haltungen der Autorität oder der Liebe zuschreibst. Nur allzu oft verbirgt sich hinter einer autoritären Maske ein eigentlich furchtsamer Charakter. Vielleicht will dir dieser Mensch tatsächlich helfen, kann sich aber nur gemäß seiner autoritären Verhaltensmuster ausdrücken. Diese Muster hat er wahrscheinlich seit seiner frühesten Kindheit übernommen, da er von seinen Eltern auf diese Weise geliebt wurde. Versuchst du also, die Liebe, die Angst oder das Leid hinter einer autoritären Fassade zu erkennen, so kannst du die Worte deiner Mitmenschen auch völlig anders interpretieren und wirst sie nicht mehr als Bedrohung empfinden.

So dienen dir deine Ohren dazu, Liebe zu vernehmen und dich in Verbindung mit dem inneren Gott der anderen zu bringen. Nur wenigen gelingt es, diesen inneren Gott gebührend zum Ausdruck zu bringen. Wir sind Anfänger in der Kunst, die Liebe, die uns innewohnt, auszudrücken. Ist dir noch nie aufgefallen, wie wenige Worte manchmal wiedergeben, was du in deinem Herzen empfindest? Willst du dir selbst einen Akt der Liebe zuteil werden lassen, so beginne gleich heute damit, wirklich zuzuhören, wenn andere mit dir sprechen. Bist du nicht sicher, wirklich alles verstanden zu haben, so scheue dich nicht, nachzufragen. Versuche, die Worte der Liebe zwischen den Zeilen herauszuhören. Dein Leben wird eine völlig neue Richtung nehmen.

Alles, was du hörst, verleiht dir also neue Mittel, dein Leben zu ändern. Es wäre schade, sich ihrer nicht zu bedienen. Jedes Mal, wenn du dich gegen Dinge sträubst, die man dir sagt, oder wütend wirst, verlierst du die ihnen entspringende Kraft. Verzichten wir auf diese Kraft, so machen wir uns selbst unbewusst Vorwürfe. Sie häufen sich an und brechen irgendwann in einem großen Wutanfall aus. Wir verlieren die Kontrolle über uns. Es ist gut zu wissen, dass sich unser Zorn selten wirklich auf die Person richtet, an der wir ihn auslassen. Meist gilt er uns selbst, auch wenn andere ihn vielleicht auslösen oder einstecken müssen.

Die unangenehmsten Dinge, die wir von anderen zu hören bekommen, haben wir uns im Stillen schon selbst vorgehalten … oder sollten es vielleicht tun, wagen es aber nicht, weil wir sie nicht von uns selbst hören wollen und können. Unser „Überbewusstsein" lässt uns daher genau die Personen treffen, die uns mit dieser Wahrheit vor den Kopf stoßen. Dass diese nun nicht immer leicht zu hören ist, ist uns wohl allen klar. Wir meinen, solche Leute wollten uns etwas Böses und können uns unmöglich lieben, wenn sie uns so schockieren und konfrontieren. Gelingt es uns jedoch, hinter ihren Worten Liebe zu vernehmen, haben wir keine Angst mehr.

Was hörst du in deiner Freizeit? Schöne, erbauliche oder eher aufregende Musik, die deine Sinne reizt und entnervt? Hörst du Radiosendungen, die dir helfen, dich selbst besser kennen und lieben zu lernen, oder eher Sendungen, die dir Angst machen, dich zweifeln lassen oder dir eine unsichere Zukunft vorspiegeln? Hörst du vor allem schlechte Neuigkeiten? Du weißt sicher, dass die Nachrichten in den Medien nur selten von positiven Dingen berichten. In Kalifornien startete man einmal den Versuch mit einer Zeitung, in der nur von guten Neuigkeiten berichtet wurde. Was daraus wurde? Sie ging pleite! Viele Menschen lieben schlechte Nachrichten. So können sie sich sagen: „Schließlich ist mein eigenes Leben doch gar nicht so schlecht." Sie vergleichen sich gerne mit anderen, denen es schlechter geht. Ob sie so aber zum Glück finden werden?

Willst du Glück und Lebensfreude finden, so lass dich eher von wunderbaren, positiven Dingen erfüllen. Glück ist, wie alle anderen Dinge auch, erlernbar und bedarf einer gewissen Übung. Willst du Klavier spielen lernen, nimmst du Unterrichtsstunden. Auch das Eislaufen will gelernt sein. Willst du glücklich sein, so musst du das Glück studieren.

Bist du bei jemandem, der Dinge hört, die du nicht hören willst, ob das nun im Radio oder Fernsehen ist oder eure Unterhaltung betrifft, so kannst du ihn bitten, einen anderen Sender zu wählen oder euer Gesprächsthema zu wechseln. Weigert er sich, so hindert dich nichts daran, zu gehen oder etwas anderes zu tun, was dich glücklich macht. Das ist deine freie Entscheidung! Niemand kann gezwungen werden, Dinge zu hören, die er nicht hören will.

Alles auf der Welt hat sein Gegenstück: Es gibt oben und unten oder gut und böse. Manche Dinge bringen uns Gott näher, manche entfernen uns von ihm. Das beste Hilfsmittel auf deinem Weg durch all diese Gegensätze ist deine Eingebung. Sie existieren, um es uns zu ermöglichen, unseren freien Willen auszuüben und die Folgen unserer Entscheidungen zu erfahren. **Alles dient der Entwicklung des Menschen.**

Ich will dieses dritte Kapitel mit einem Spruch beenden, auf den du dich in der nächsten Woche mindestens zwanzig Minuten täglich konzentrieren solltest:

Wer wagt, mich zu korrigieren,
ist mein Freund.
Ich beginne Dinge zu verstehen,
wenn sie beginnen,
mich zu stören.

4. KAPITEL

Du bist, was du sagst

Jedes deiner Worte ist ein Ausdruck dessen, was in dir vorgeht. Willst du genau wissen, wer du bist, willst du deine geheimsten Gedanken kennen, dann höre auf das, was du sagst. Hör dir selbst zu, wenn du mit anderen redest.

Eine der wichtigsten goldenen Regeln ist die der Ehrlichkeit. Keine Entschuldigung ist gut genug, nicht die Wahrheit zu sagen. Das heißt jedoch nicht, dass du immer alles sagen musst, was du denkst! Öffnest du aber den Mund, um dich an andere zu wenden oder eine Frage zu beantworten, so ist es wichtig für dich und deine Umwelt, dass du die Wahrheit sagst. Das heißt unter anderem, dass du genau das zum Ausdruck bringst, was wirklich in dir vorgeht. Ein ehrlicher Mensch denkt, fühlt, sagt und tut dasselbe.

Versuche, dass jedes Gespräch zu deinem und zum Nutzen deines Gesprächspartners ist. Geht ihr nicht beide erbaut und mit neuer Energie gestärkt aus der Unterhaltung, dann war jedes Wort verlorene Energie. Es heißt, dass der größte Energieverlust der Menschheit im schlechten Gebrauch des Wortes liegt. Es ist sicherlich nichts Neues, dass wir viel reden – und viel zu oft, um nichts zu sagen.

Fragt dich jemand um deine Meinung und du fürchtest, ihn mit deiner ehrlichen Ansicht zu verletzen, so kannst du erwidern: „Ich möchte dir nicht wehtun! Du hast mich um meine Meinung gebeten und es könnte sein, dass dir meine Antwort missfällt. Ich möchte nicht lügen. Hättest du mich nicht gefragt, so hätte ich sie dir wahrscheinlich nicht gesagt. Bist du dir sicher, dass du sie wirklich hören willst?" Vielleicht gefällt dem anderen deine Ansicht nicht, doch wird er deine Ehrlichkeit zu schätzen wissen. Er weiß nun, woran er bei dir ist, da du offen und ehrlich bist. Sollte er deine Meinung nicht hören wollen, dann wird er sich in Zukunft hüten, dich danach zu fragen.

Du kannst ebenso verfahren, wenn du jemandem etwas zu sagen hast, was ihm missfallen und eine negative Reaktion hervorrufen könnte. Du solltest mit diesen Bedenken beginnen. Sag ihm, dass du etwas auf dem Herzen hast, aber nicht lange um den heißen Brei reden möchtest, da dir daran liegt, ehrlich zu sein und genau zu sagen, was du denkst, auch wenn dir das jetzt nicht leichtfällt.

Es gibt eine ausgezeichnete Übung, die es dir ermöglicht zu überprüfen, ob du deine Energie in diesem Bereich richtig einsetzt. Ziehe jeden Abend Bilanz über die geführten Gespräche. Stell dir die Frage, ob du dich danach besser, erfüllter, dynamischer oder gestärkt gefühlt hast. War das der Fall, so gilt dies mit großer Wahrscheinlichkeit auch für deinen Gesprächspartner.

Versucht jemand, sich bei dir über andere auszulassen, so solltest du dem sofort ein Ende setzen. So gebietest du jedem Energieverlust rechtzeitig Einhalt. Es versteht sich von selbst, dass du solchen Klatsch auch nicht weiterverbreitest.

Hat sich Zorn in dir aufgestaut, weil du in bestimmten Situationen nicht in der Lage warst, dich zu behaupten, so vergiss nicht, dass es ein gutes Mittel zum Abbau von innerem Stress sein kann, diesem Zorn ein Ventil zu öffnen. Deine

Emotionen sollten aber kontrolliert zum Ausdruck kommen und dürfen **keinesfalls zum Ziel haben, den anderen zu ändern.** Du solltest genau wissen, welche Worte du verwendest, sprichst bewusst und verlierst nie die Kontrolle. Die meisten Leute meinen, Wut könne nur unkontrolliert zum Ausdruck kommen. Das stimmt keineswegs. Sie sollte auf alle Fälle nie geschluckt werden.

Gehörst du zu den Menschen, denen es schwerfällt, sich selbst zu behaupten und ihre Meinung zum Ausdruck zu bringen, dann solltest du versuchen, sofort damit zu beginnen, auch wenn du anfangs vielleicht nur kleine Siege davonträgst. Oft ist es nur ein Satz mehr, den du dir früher verkniffen hättest. Du wirst sehen, die Energie, die du dazu aufwenden musst, wird dir mehrfach zurückvergütet werden und du wirst dich immer wohler dabei fühlen. Durch die Übung wird dir diese Disziplin schon bald leichter fallen, genauso wie ein bestimmter Sport nach einigem Training.

Willst du, dass andere dir zuhören, dann denke daran, dich deinem Gesprächspartner anzupassen. Bleibt man bewusst auf Distanz, so führt dies meist zu einer Form spirituellen Stolzes. Sich anderen überlegen zu wähnen ist sicherlich eine der größten Fallen des spirituellen Weges.

Außerdem sollten wir nie die Macht des gesprochenen Wortes aus den Augen verlieren. Hast du schon einmal ganz genau aufgepasst, welche Worte du verwendest? Sie können dir wertvolle Aufschlüsse über dich selbst geben. Ist dir schon aufgefallen, wie viele Menschen im Lauf eines Gesprächs bestimmte Dinge zurückzunehmen versuchen, indem sie sagen: „Nein, so habe ich das nicht gemeint. Eigentlich wollte ich sagen, dass …", und sie fangen an, genau das Gegenteil von dem zu erzählen, was soeben über ihre Lippen kam. Zu spät, denn gerade das spiegelte ihre wahren Gedanken wider.

Beginnst du Sätze mit „Ich **hätte gern**" oder „Ich **würde gern**", dann lässt dies eher auf eine bestimmte Form von Unsicherheit schließen. Sagt jemand zu dir: „Wie gern würde ich nächstes Jahr eine große Reise unternehmen!", dann hören wir zwischen den Zeilen eine gewisse Angst heraus, dass diese Reise nie zustande kommen könnte. Vielleicht meint dein Gesprächspartner, es könne ihm die Zeit oder das Geld dazu fehlen, oder er verdiene diese Reise eigentlich nicht. Nun wissen wir aber, dass all unsere Ängste wahr werden. Sagst du: „Wie gern würde ich reisen", wirst du es wohl nie tun.

Auch durch ein „Ich **möchte nicht**" kommt Angst zum Ausdruck. Sehen wir uns die folgenden Beispiele an: „Ich möchte nicht, dass meine Kinder einmal Drogen nehmen", „Ich möchte ja nicht, dass mein Mann mich verlässt …" oder „Ich möchte meine Arbeit nicht verlieren". Diese drei Sätze zeigen, wie tief bestimmte Ängste im Unterbewusstsein des Sprechers verankert sind. Diese Ängste sabotieren seinen Geist und werden alles in die Wege leiten, um wahr zu werden.

Sagst du „Ich **würde gern** Englisch können", so bringst du dadurch eigentlich zum Ausdruck „Ich **möchte** Englisch können, aber **habe Angst,** es nicht lernen zu können." Hältst du dich jedoch für unfähig dazu, so blockierst du die Energie, die dir diesen Spracherwerb ermöglichen könnte. Warum? Erinnere dich daran, dass du der einzige Mensch auf der Welt bist, der in der Lage dazu ist, dein eigenes Leben nach deinen Wünschen zu schaffen. Du schaffst es durch alles, was du denkst, sagst, siehst, hörst oder fühlst. All das hat enormen Einfluss auf dein Leben. Es liegt allein an dir, die erforderlichen Kräfte freizusetzen.

Sagst du Sätze wie „Ich **sollte nicht** so spät ins Bett gehen" oder „Ich sollte nicht so viel Geld ausgeben", so sagst du eigentlich: „Ich **möchte** dies oder jenes zwar tun, habe aber irgendwann einmal **beschlossen, dass das nicht gut, vernünftig, korrekt usw. ist.**" Hinderst du dich jedoch daran, etwas zu tun, was dir am Herzen liegt, nur weil es „unvernünftig" ist, so hörst du nicht auf deine wahren Bedürfnisse. Dein Verstand versucht, die Kontrolle zu übernehmen und trifft die Entscheidungen für dich. Der Verstand wiederum ist geprägt von Entscheidungen, die du in deiner Kindheit, also in einer Lebensphase getroffen hast, in der du und dein ganzes Umfeld von der Vorstellung von Gut und Böse bestimmt waren. Viele dieser wegweisenden Entscheidungen basieren demnach auf jenen oft überholten Vorstellungen von Gut und Böse statt auf deinen wahren Bedürfnissen. Beschließt du, dass du spät ins Bett gehen, Geld für bestimmte Dinge ausgeben willst und niemandem dafür Rechenschaft schuldig bist, so wirst du dich dementsprechend organisieren und deine Wünsche problemlos in die Tat umsetzen können. Jedes Mal jedoch, wenn du dir Vorwürfe machst, wieder einmal zu spät ins Bett gekommen zu sein, wirst du am nächsten Tag noch müder sein. Hast du Schuldgefühle, Geld für Dinge auszugeben, die du dir wünschst, so wirst du sie nie wirklich genießen können. Solche Gegenstände gehen oft auch sehr schnell kaputt oder verloren, so als ob wir uns dafür bestrafen wollten, sie gekauft zu haben. Es ist also ungeheuer wichtig, mehr auf unsere wahren Bedürfnisse als auf unseren Verstand zu hören.

Sagst du oft „Ich sollte", dann verlierst du nur unnötige Energie mit deiner Ansicht nach unrealistischen Wünschen: „Ich sollte jeden Tag Sport treiben!", „Ich sollte mehr Geduld mit den Kindern haben!" oder „Ich sollte mein Studium bald abschließen!" In Wirklichkeit sagst du jedoch: **„Es wäre besser** ... (schon wieder diese Vorstellung von Gut und Böse!), **aber ich will es nicht."** Setzt du dieses „Ich sollte" dennoch in die Tat um, handelst du gegen deine tatsächlichen Bedürfnisse. Wieder spielt dein Verstand dir einen Streich, indem er versucht, dein aktuelles Leben durch die überholten Begriffe von Gut und Böse zu lenken.

Beginnst du die Bedeutung der Worte zu verstehen? Hör dir und deinen Mitmenschen aufmerksam zu, und du wirst viel Neues über dich erfahren.

Jedes Mal, wenn du sagst, du hättest **keine Zeit,** so ist das reine Illusion. Du erzählst dir Märchen. Du hast lediglich beschlossen, etwas **Wichtigeres oder Interessanteres** zu tun. Du solltest lernen, dir selbst gegenüber ehrlicher zu sein! Mach dir nicht vor, dieses oder jenes aus Zeitmangel versäumt oder nicht getan zu haben. Du hast absolut das Recht, deine Aktivitäten auszuwählen, und brauchst dich nicht zu rechtfertigen, wenn du deine Prioritäten änderst.

Sprichst du oft davon, die **„Zeit totzuschlagen",** so solltest du dir dessen bewusst werden, dass du das wertvollste Geschenk eines Menschen vergeudest. Jede Minute deines Lebens sollte dazu dienen, ein bisschen mehr Vollkommenheit in deinem unmittelbaren Umfeld zum Ausdruck zu bringen und nicht, die Zeit totzuschlagen. Solche negativen Wörter sollten in keiner Sprache existieren. Ihre Verwendung zeugt von innerer Gewalt. Was empfindest du, wenn du wütend über jemanden sagst: „Ich bring ihn um!"? Diese Gewalt richtet sich in erster Linie gegen dich selbst. Lässt du zu, dass sie sich in dir ansammelt, wird sie schwere Krankheiten in dir verursachen oder dich in Kontakt mit sehr gewalttätigen Menschen bringen. Du lebst auf dieser Erde, um zu lieben, nicht um zu töten!

Auch das Wort „versuchen" verwenden wir in unterschiedlichster Weise. Oft bringen wir damit eine mehr oder weniger vage Absicht zum Ausdruck, weil wir uns noch nicht dazu entschlossen haben, die nötigen Weichen für eine bestimmte Handlung zu stellen. Stell dir vor, du verabredest dich mit jemandem am nächsten Tag um 18 Uhr in einem Restaurant, und der Betreffende sagt dir: „Ich werde versuchen zu kommen!" Glaubst du, dass er wirklich kommt? Es sieht wohl zu 90 % nicht danach aus. Der geringste Zwischenfall wird ihm als Vorwand dienen, nicht zu eurem Treffen zu kommen, da er sich mit diesen Worten zu nichts verpflichtet hat. Erwidert er dir jedoch: „Um 6 bin ich da. Du kannst auf mich zählen!", so stehen die Chancen wohl 9 zu 1, dass er auch wirklich kommt. Sagst du also Sätze wie „Ich habe versucht, mit ihm zu reden" oder „Ich versuche ja, dich zu verstehen" usw., so hattest du nicht wirklich die Absicht dazu.

Einer unserer Lieblingsausdrücke ist wohl aber das „Muss". Würdest du all deine Gespräche auf Tonband aufnehmen, so wärst du wohl sehr überrascht zu hören, wie oft du dieses Wort verwendest. Du kannst sichergehen, dass es jedes Mal von deinem Verstand gelenkt ist. Wieder bestimmt die Vorstellung von Gut und Böse über dein Leben. Menschen, die handeln, weil sie etwas tun, denken oder sagen müssen, haben sich nicht selbst in der Hand. Sie fühlen sich bestimmt von Gesetzen, die ihnen ihr Verhalten vorschreiben, weil sie meinen, keine andere Wahl zu haben.

Wer hat denn beschlossen, dass dieses oder jenes getan werden muss? DU HAST IMMER DIE WAHL! Du musst nur dazu stehen. Du kannst erwidern: „Nein, ich muss nicht! Die Entscheidungen meines Lebens treffe ich selbst! Entschließe ich mich zu etwas, so ist ein Preis dafür zu bezahlen. Bin ich dazu bereit?" Das ist alles. Stell dir vor, du fragst dich, ob du zur Arbeit gehen sollst oder nicht. Mache dir alle Konsequenzen bewusst und frage dich ohne Vorbehalte, ob du bereit bist, sie zu akzeptieren. Ist dies nicht der Fall, so hast du selbst die Wahl getroffen, arbeiten zu gehen. Auch wenn dies vielleicht nicht gerade deine erste Wahl ist, so warst du doch nicht bereit, die Folgen deiner Abwesenheit zu tragen. Zumindest handelt es sich jetzt um deine eigene Entscheidung und nicht mehr um ein „Ich muss". Deine Einstellung zur Arbeit wird völlig anders sein. Arbeitest du den ganzen Tag nur, „weil das eben so ist und man halt arbeiten muss", dann kommst du wohl am Abend völlig erschöpft nach Hause. Der Tag will kein Ende nehmen, weil du das Gefühl hast, Opfer einer auferlegten Pflicht zu sein.

Verstehst du nun, wie wichtig die Vorstellung der freien Wahl ist? **Entscheidungsfähigkeit ist eine der großen Gaben der Menschheit.** Kein anderes Lebewesen verfügt über sie. Welche andere Wahl hat ein Huhn, als eines Tages auf einem Mittagstisch zu landen?

Als Mensch verfügst du über diese seltene Kraft der Wahl. Jedes Mal, wenn du sagst „Ich muss", verlierst du den Draht zu dieser Kraft. Je weniger du jedoch aus der dir innewohnenden Kraft beziehst, desto mehr suchst du sie dir von anderen zu holen. Das ist ein sehr häufiges Phänomen. Hast du einmal die Verbindung zu deinen Fähigkeiten hergestellt und stehst in ständigem Kontakt zu ihnen, so hast du auch keinerlei Bedürfnis mehr danach, andere zu dominieren. Alles wird dir so viel leichter erscheinen! Denk nur an all die Energie, die du für dich freisetzt, anstatt sie in Machtspielen mit anderen zu vergeuden.

Allgemeine Ausdrücke wie **„Ich glaube"**, **„vielleicht"**, **„mir scheint"**, **„es ist, als ob"** usw. deuten darauf hin, dass die betreffende Person während des Sprechens die Situation analysiert. Frage ich dich z.B. „Wie fühlst du dich?" und du antwortest mir: „Ich glaube, ich bin schockiert", so teilst du mir dadurch mit, dass du gerade deine Emotionen analysierst. Erwiderst du hingegen „Ich bin schockiert", so weiß ich wirklich, was in dir vorgeht. „Ich glaube, ich bin schockiert" sagt nicht viel über deine wahren Gefühle aus. Frag deine Freunde und Bekannten, ob du oft „Ich denke" sagst. Ist dies der Fall, so deutet das darauf hin, dass du nicht wirklich in Kontakt zu deinem inneren Wesen stehst. Du vertraust eher deinem Verstand, der dich an die Oberfläche bindet.

Sagst du oft **„Ich kann nicht"**? Nimm genau unter die Lupe, wozu du dich wirklich unfähig hältst. Hast du wirklich alles daran gesetzt, das zu versuchen, wovon du behauptest, es nicht zu können? Bei genauerem Hinsehen wirst du vielleicht erkennen, dass du zu wesentlich mehr imstande bist, als du glaubst.

Oft hören wir in Gesprächen **„Hör mal!"** oder „Hör zu!" Befiehlst du anderen, dir zuzuhören, so ist das ein Zeichen von Stolz und Autoritätsanspruch. Dazu können wir niemanden zwingen. Es ist interessant festzustellen, dass gerade solche Personen sehr schlecht mit autoritären Menschen zurechtkommen, auf die sie ziemlich vehement reagieren können. Bedienst du dich also dieser Floskel, so deutet das darauf hin, dass du ebenso autoritäre Züge hast, auch wenn diese nicht unbedingt offensichtlich sind. Wie alle anderen Charakterzüge kann auch dieser zu deinem Vorteil wie auch zu deinem Nachteil sein. Das hängt ganz davon ab, wie du ihn zum Ausdruck bringst. Bist du autoritär, um anderen zu helfen oder eine Mannschaft zu führen, so ist Autorität hier wohl am richtigen Platz. Bedienst du dich ihrer jedoch, um andere zu dominieren, so solltest du dein Verhalten noch einmal überdenken.

Manche Menschen beschreiben phantastische Dinge mit Ausdrücken wie **„Das ist wahnsinnig schön"** oder **„schrecklich gut"** oder aber **„Das gibt's doch nicht!"** Erkennst du dich hierin wieder? Hältst du besondere Ereignisse für **„unglaublich"**? Mit all diesen Worten blockierst du ihre wunderbare Energie, da hinter ihnen die Vorstellung steckt, sie eigentlich nicht zu verdienen. Warum nimmst du ihnen die Glaubwürdigkeit durch ein „Das kann doch nicht wahr sein!"? Sie treten sicher nicht zufällig gerade hier und jetzt in dein Leben.

Viele Menschen bedienen sich auch der Verneinung, um eigentlich etwas Positives auszudrücken: **„Das ist nicht so schlecht!"** oder **„Du bist gar nicht so dumm!"** Geh etwas aufmerksamer mit deiner Sprache um! Du solltest dir dessen bewusst sein, was du wirklich sagst. In negativen Worten steckt immer noch eine negative Schwingung, die unbewussten Ansichten entspricht. Hast du beschlossen, solche

Ausdrücke aus deinem Vokabular zu verbannen, so bitte deine Nächsten, dich darauf aufmerksam zu machen, wenn dir dann und wann doch einer entschlüpft. Dadurch hilfst du vor allem dir selbst.

In der Regel sind die Menschen davon überzeugt, dass das Leben voller Leiden und Mühen ist. Je schwieriger etwas zu erreichen ist, desto größer ist das Verdienst. Auch das kommt im Sprachgebrauch zum Ausdruck. „Die Tanzkurse **waren der Mühe wert!**" Wäre es nicht positiver zu sagen: „Ich **bin froh,** tanzen gelernt zu haben"?

All diese Ausdrücke kommen uns völlig unbewusst über die Lippen und haben doch einen großen Einfluss auf unser Leben.

Du solltest Worte verwenden, die dir Energie spenden. Wie oft am Tag sagst du das Wörtchen **„lieben"**? „Ich liebe meine Arbeit", „Ich liebe die Natur", „Ich liebe meinen Körper". Wie oft sagst du deinem Partner oder deinen Kindern **„Ich liebe dich"** oder deinen Arbeitskollegen, dass du sie **gern** hast? Wie viele Menschen kritisieren ihren Chef und vergessen ihm zu sagen, dass sie eigentlich recht gern mit ihm zusammenarbeiten, dass sie seine Arbeitsweise oder die Arbeitsatmosphäre schätzen.

Die Worte, die jedoch die größte Bedeutung in unserem Leben einnehmen, sind: **„Ich bin"**. Sobald du diese Worte sagst, erschaffst du etwas, da das „Ich bin" in direktem Zusammenhang mit unserer stärksten Kraft steht. Wir haben es hier nämlich mit der göttlichen Schöpfungsenergie, dem **Wort** zu tun. Jeder Mensch ist ein Ausdruck **Gottes**. Sagen wir „Ich bin", so sagen wir zugleich „Gott ist". Bedienen wir uns also dieser Worte, so tun wir nichts weniger, als unserem inneren Gott einen unbewussten Befehl zu erteilen, die entsprechenden Umstände zu schaffen. Bist du dir dessen bewusst, wie sehr du selbst dein eigenes Leben beeinflusst, wenn du dir sagst „Ich bin krank", „Ich bin dumm", „Ich bin unfähig", „Ich werde zurückgewiesen", „Ich werde nicht geliebt"? Es kann also kein Zweifel darüber bestehen, dass die größte Macht des Menschen in diesem kleinen „Ich bin" steckt. Auch alles, was wir nicht mögen, wird also mit deiner göttlichen Energie geschaffen. Sie wurde nur nicht in die richtigen Bahnen geleitet.

Warum sollten wir uns dieser phantastischen Kraft also nicht sofort bedienen, um Wunder in unserem Leben zu erzeugen? „Ich bin schön!", „Ich bin fähig!", „Ich bin intelligent!", „Ich werde geliebt" usw. Dazu sollten wir uns täglich etwas Zeit nehmen, um diese Dinge mit Nachdruck zu sagen (nicht nur zu denken!), auch wenn sie vielleicht nicht unserer aktuellen Wirklichkeit entsprechen. Es genügt, dir vorzusagen: „Ich kann dieses oder jenes", um die nötige Energie in Bewegung zu setzen, die dich schließlich dazu befähigt. So funktioniert der Schöpfungsakt! Nehmen wir ein Beispiel: Stell dir vor, du wärst ein Maler und stehst vor der leeren Leinwand. Ganz offensichtlich wird man nach den ersten Pinselstrichen noch kaum etwas auf ihr erkennen können. Mit etwas Ausdauer und Geduld entsteht langsam ein Gemälde auf deiner Leinwand. Sagst du „Ich bin", so ist das sehr ähnlich. Du skizzierst zunächst eine Idee. Natürlich musst du auch hier von vorn beginnen und kannst nicht erwarten, dass das Resultat dir augenblicklich in den Schoß fällt. Jedes Mal, wenn du dir sagst „Ich kann dieses oder jenes", nährst du diese Schöpfung, bis sie eines Tages wirklich wird.

56

Vor dem Ende dieses Kapitels möchte ich dich noch auf die Bedeutung des **Lachens** aufmerksam machen. Das Lachen ist ein großes Geschenk der Menschheit.

Manche Theorien gehen davon aus, dass Wesen anderer Ebenen nicht imstande sind zu lachen. Lachst du oft? Wusstest du, dass das Lachen derart außerordentliche Kräfte freisetzt, dass es schon manche von Krebs heilte? Vielleicht hast du von dem Mann gehört, der nach seiner Krebsdiagnose nur noch komische Filme und lustige Bücher las und so seine Krankheit überwand. Ist das denn so überraschend? Unser Leben sollte uns Freude machen und kein ewiges Drama sein. Fällt es dir schwer zu lachen, so suche dir lustige Freunde und sieh dir komische Sachen an. Plane täglich einen lustigen Streich. Lacht ihr dann gemeinsam darüber, habt ihr beide gewonnen.

Ein weiteres Mittel zu lachen besteht darin, den Film unseres Lebens nicht nur als Darsteller, sondern auch als Zuschauer zu betrachten. Steckst du in einer schwierigen Situation, wird es dir als gleichsam außenstehender Betrachter viel leichter fallen, darüber zu lachen. Oder stell dir vor, in drei Monaten auf dieses Ereignis zurückzusehen. Es wird dir bei weitem nicht mehr so dramatisch erscheinen.

Hier der Gedanke, über den du in der nächsten Woche meditieren solltest:

Der Mensch,
der meine Ehrlichkeit
am meisten verdient,
bin ich selbst.

5. KAPITEL

Du bist, was du denkst

Deine Gedanken haben eine enorme Bedeutung in deinem Leben, da du genau das wirst, was du denkst. Du wirst nicht nur das, was du von dir selbst, sondern auch das, was du von anderen denkst. Egal, ob du dies nun akzeptierst oder nicht, deine Meinung von anderen wird von deinem Verstand gefiltert und spiegelt genau das wider, was dein Unterbewusstsein von dir selbst hält.

Welche Menschen sind die wichtigsten in deinem Leben? Deine Eltern oder diejenigen, welche diese Rolle in deinen jungen Jahren übernommen haben. Was hältst du wirklich von ihnen? Ich bin mir sicher, dass du dir Tausende von Gedanken über sie gemacht hast, die du ihnen nie gesagt hast. Vielleicht hast du ihnen einige wenige mitgeteilt, doch ist der Großteil wohl in deinem Inneren vergraben. All diese Gedanken haben in dir selbst Form angenommen. Wir hatten zuvor schon erwähnt, wie unsere Gedanken unsere eigene Wirklichkeit erzeugen. Auch das gehört zu den großen Kräften der Menschheit.

Leider tummeln sich unzählige Gedanken in unserem Geist, derer wir uns kaum oder gar nicht bewusst sind. Hier ein Beispiel, das dir helfen wird, diese Vorgänge nachzuvollziehen: Du siehst einen beklemmenden Film. Es ist dir in diesem Augenblick keineswegs bewusst, dass er bestimmte Ängste in dir erzeugt. Bestimmte Szenen und Elemente dieses Films erinnern dich an beängstigende Situationen deiner Kindheit. Nach dem Film ist dir lediglich bewusst, dass du dich nicht recht wohl fühlst.Vielleicht hast du auch das vage Gefühl, dass dieser Film irgendetwas Schmerzvolles in dir berührt hat, das du nicht allzu sehr analysieren willst. So gelingt es dir auch nicht, die Ängste, die dieser Film in dir erweckt hat, in Worte zu fassen. Sie gehören demnach in den unheimlich weiten Bereich des Unterbewusstseins. Deshalb ist es auch so wichtig, dein Leben so bewusst wie möglich zu führen, damit du zumindest weißt, welche deiner Taten, Worte, Gedanken oder Gefühle dir schaden. Dann bist du auch in der Lage dazu, Dinge zu verändern und dir eine andere Wirklichkeit zu schaffen. Solange du unbewusst durch die Welt wandelst, kannst du nichts umgestalten, da du ja nicht einmal weißt, was tatsächlich geschieht.

Es gibt immer Menschen in deinem Umfeld, die dir ähneln. Ihre Denkweise kann dir helfen, dir deiner eigenen unterbewussten Gedanken bewusst zu werden. Jetzt, wo du die große Kraft der Gedanken kennst, wäre es vielleicht an der Zeit, dich zu entschließen, nur noch Gedanken der Liebe, Dankbarkeit, Großzügigkeit und des Mitgefühls zu hegen. Je mehr sie die Oberhand über andere Gedanken gewinnen, desto mehr Menschen werden dir diese Energien entgegenbringen. So beeinflusst du deine unmittelbare Umwelt.

Was hältst du von deiner Mutter? Denkst du, dass sie dir gegenüber ungerecht war? Je mehr du davon überzeugt bist, desto ungerechter wirst du selbst. Jeder deiner Gedanken nährt sich von deiner Energie, die wiederum durch deine eigene Persönlichkeit und dein Verhalten zum Ausdruck kommen.

Und dein Vater? Findest du, dass er zu streng, zu autoritär war? Dann mach weiter so und du wirst so werden wie er. Auch wenn du es nicht wahrhaben willst oder versuchst, genau das gegenteilige Verhalten an den Tag zu legen, so bist du doch in deinem tiefsten Inneren autoritär und streng. Frag doch einmal deine näheren Mitmenschen. Sie werden dir bestätigen, dass sie finden, dass du dir und anderen gegenüber streng bist.

Was denkst du von deinem Partner? Ist dir noch nie aufgefallen, dass alles wahr wird, was du denkst? Hältst du ihn für herzlos, wird er dir kaum bei der Hausarbeit helfen. Nach einigen Jahren ist er genauso, wie du befürchtet hattest. Hältst du deinen Partner für sexbesessen, so wird er tatsächlich immer mehr Sex mit dir haben wollen. Findest du ihn kindisch und bist der Ansicht, er könne keine eigenen Entscheidungen treffen, so wird er sie dir im Laufe der Jahre immer mehr überlassen und du wirst dich selbst um alles kümmern müssen.

All deine Gedanken erzeugen ein Schwingungsfeld um dich. Sobald sie gedacht werden, werden sie auch schon von jenen empfangen, denen sie gelten. Natürlich geschieht all dies im unsichtbaren Bereich des Unbewussten. Je bewusster ein Mensch wird, desto weniger ist er imstande zu lügen, da er versteht, dass er einmal alles ernten wird, was er sät. Gib dich keinen Illusionen hin! Keiner deiner Gedanken ist wirklich geheim. Wir sind alle Teil eines größeren Ganzen und demnach in unserem Inneren mit ein und derselben Energie verbunden. Das ist genauso, als wäre eine Zelle deines Körpers krank; die anderen würden es sofort bemerken, da alle zu ein und demselben Körper gehören. So sind auch die Milliarden Menschen wie Zellen unseres Planeten Erde. Denken wir in Liebe oder aber in Hass an einen anderen, so empfindet er unmittelbar unsere Gefühle. Alle der Liebe widersprechenden Gedanken dämpfen unser inneres Licht. Sie hindern uns daran, andere so zu sehen, wie sie wirklich sind, und mit ihnen zu kommunizieren. Die Liebe hingegen erhellt dich und dein ganzes Umfeld. Je mehr Liebe zwei Menschen einander zukommen lassen, desto klarer wird auch ihre Kommunikation.

Was denkst du über deine Kinder? Hältst du deinen Sohn für einen Faulpelz und fürchtest, dass er nichts Rechtes aus seinem Leben machen wird? Solche Ängste werden ihn lediglich in genau diese Richtung treiben. Wird er deiner Ansicht nach immer ein Versager sein? Vielleicht sieht das aus seiner Perspektive und in den Augen anderer völlig anders aus. In deinem Leben, in deiner Welt jedoch wird es nur diesen Versager als Sohn geben können, da dies deiner inneren Überzeugung entspricht. Jeder Mensch hat eine andere Ansicht der Dinge, da sie seiner Gedankenwelt entspricht. Warum machst du dir diese große Kraft nicht zunutze und beginnst dir genau das vorzustellen, was du wirklich willst, genauso wie du es dir wünschst?

Was hältst du von dir, wenn du dich ansiehst? Findest du dich jedes Jahr älter? Allein der Gedanke ans Altern lässt uns alle schneller älter werden! Hätte man nie Geburtstage erfunden, würden wir unser Alter vielleicht gar nicht merken! Die Jahre würden verstreichen, ohne dass wir meinten, nun ein Jahr mehr mit uns herumzuschleppen. Wahrscheinlich würden wir ohne diese Vorstellung tatsächlich langsamer altern.

Eines Tages wunderte sich ein neuer Teilhaber über die Energie des über 80-jährigen Firmenchefs und fragte ihn nach seinem Alter. Der Chef antwortete ihm: „Mein Junge, mein Alter interessiert mich nicht!" Er hatte das Rezept der Jugend entdeckt.

Denkst du oft darüber nach, dass dir etwas im Leben **fehlt**? Brauchst du immer jemanden, um dein Leben auszufüllen, so lebst du ständig mit dem Gedanken oder **Gefühl des Mangels**. Bist du in Kontakt mit deinem inneren Gott, so stehst du in direkter Verbindung mit einer phantastischen Schöpfungskraft und erkennst, dass es dir nie an etwas fehlen wird. Es genügt, die Natur zu beobachten, die dich umgibt. Sie kann uns so viel beibringen! Fehlt es denn den Tieren an etwas? Die Natur kümmert sich um sie und sie überleben. Sterben sie, so ist auch dies ein Teil des natürlichen Prozesses.

Sagst du dir manchmal: „Ich habe nur so wenig Geld auf meinem Konto" oder „Ich verdiene nicht genug"? Vergleichst du dich oft mit Menschen, die reicher oder besser bestückt sind als du? Hast du das Gefühl, es fehlt dir etwas, wenn du all die tollen Dinge im Fernsehen siehst? In jener illusorischen Welt scheinen die Leute alles zu haben. Denkst du weiterhin, dass dir etwas fehlt, so wirst du auch weiterhin Mangel erfahren.

Findest du, dir wird nicht genug Liebe entgegengebracht? Anstatt dich über dein Schicksal zu beklagen, solltest du lieber damit beginnen, andere von deiner Liebe und Großzügigkeit profitieren zu lassen. Gib deine Zeit, deine Energie, dein Geld, deine guten Worte, deine Liebe und Zuneigung. Je mehr du ohne jegliche Erwartungen gibst, desto mehr wirst du erkennen, wie reich du bist, da du ja so viel geben kannst. Von nun an kannst du immer mehr den Gedanken nähren, dass du mehr besitzt als notwendig, da du dir erlauben kannst, anderen etwas davon abzugeben.

Wirkliche Armut ist im Geiste, denn sie betrifft diejenigen, die nur nehmen und nichts geben können. Eines der wichtigsten Gesetze des Wohlstands besteht darin, **pausenlos zu geben**. Wenn du gibst, dann bist du überzeugt davon, viel zu besitzen. Wie alle anderen Gedanken, so beeinflusst auch diese Einstellung dein Leben. Folglich wirst du immer reicher.

Meinst du, nicht immer das zu bekommen, was du dir wünschst, und dass dir immer gewisse Dinge fehlen, die du gerne hättest, so unterhältst du die Energie der Dürftigkeit. Ich lernte vor kurzem eine Übung, die mir so gut gefiel, dass ich sie hier mit dir teilen möchte: Erstelle eine Liste von fünf Dingen, die dir deiner Ansicht nach fehlen (Geld, Zuneigung, Komplimente usw.). Gib in den nächsten 24 Stunden etwas von jedem dieser fünf Dinge. Atme jedes Mal tief durch, wenn du ein solches Geschenk machst, und sag dir in deinem Inneren: „Alles, was ich gebe, kommt vielfach zu mir zurück." Wiederhole diese Übung eine Woche lang. Sowohl deine Einstellung als auch die Dinge, die das Leben dir zukommen lässt, werden sich schon bald ändern.

Hegst du jemandem gegenüber Zweifel? Hast du den Eindruck, man will dich betrügen oder bestehlen? Werde dir dessen bewusst, dass diese Bedenken von dir selbst kommen. Wärst du nicht selbst so, kämen sie dir gar nicht in den Sinn. Hast du das Gefühl, von anderen übers Ohr gehauen oder bestohlen zu werden, dann beobachte, in welchen Bereichen das auch auf dich zutreffen könnte. Solange du das nicht ganz genau analysiert hast, wirst du weiterhin deine

Mitmenschen verdächtigen und unbewusst alles in die Wege leiten, damit deine Befürchtungen wahr werden. Wenn dies dann eintritt, sagst du dir sicher: „Ich wusste, dass mir das passieren würde! Ich hatte diesen oder jenen schon lange in Verdacht!" Und du wirst stolz auf deine gute Einschätzung sein. Dein Verstand wird sich ebenso geschmeichelt fühlen wie dein Stolz. So genährt, werden beide immer größer und stärker. Der Mensch ist so eingebildet, dass er sogar bereit ist zu leiden, um zu beweisen, dass er recht hat.

Solches Leiden ist jedoch völlig überflüssig. Bisher haben wir sehr gelitten, um uns weiterzuentwickeln. Haben die Menschen erkannt, dass sie auch ohne Schmerzen weiterkommen können, werden sie in der Lage sein, ihrem Leiden ein Ende zu setzen.

Kommt es dir manchmal in den Sinn, dass dein Partner dich betrügen könnte? Dann hegst du selbst solche Gedanken der Untreue. Vielleicht bist du dir dessen gar nicht bewusst, doch schwelt eine gewisse Unzufriedenheit in deinem Inneren, die sie hervorruft. Könntest du es dir erlauben, würdest du es zweifellos gern einmal ausprobieren. Natürlich würdest du es nicht wirklich wagen! Unbewusst dient uns die Treue oft als Druckmittel. Du verkündest: „So etwas würde ich nie tun!", obwohl du innerlich vielleicht Lust dazu hättest. Etwas zu denken, aber nicht zu tun ist keineswegs besser, als seine Gedanken in die Tat umzusetzen. Ja, es ist sogar schlimmer! Menschen, die sich etwas vormachen, sind sich selbst gegenüber nicht ehrlich.

Fällt es dir schwer zu akzeptieren, dass andere anderer Meinung sind, so ist das ein Zeichen von Egoismus. Egoismus ist wohl das größte Laster der heutigen Menschheit. Wir

glauben oft, aus Liebe zu handeln, während wir in Wirklichkeit versuchen, unseren Nächsten von unseren Ansichten zu überzeugen. Wir fühlen uns erst gut, wenn man uns recht gibt. Wie gerne hören wir von anderen: „Ja genau! Da bin ich ganz deiner Meinung. Was du sagst, hat Hand und Fuß."
Verbringst du deine Zeit damit, Dinge nur zu deinem Vergnügen und zum Schaden anderer zu sagen, zu denken oder zu tun, dann bist du ein Egoist. Lieben heißt zu entdecken, was dem Nächsten Freude bereitet, und sein Bestes zu geben, um es in die Tat umzusetzen. Liebe heißt auch, sich um die Meinung anderer zu kümmern, bevor wir Entscheidungen treffen. Es ist so einfach, für andere zu entscheiden. Verwenden wir unsere Stärke dazu, Macht über andere auszuüben, so lenken wir unsere Energie in falsche Bahnen. Mit einem starken Charakter neigst du wahrscheinlich dazu, anderen deine Ansichten aufzuzwingen. Beginne damit, in Ruhe zuzuhören, was sie von dieser oder jener Situation, Person oder Arbeit halten. Bleibe möglichst offen, und es wird sich dir ein völlig neues Universum eröffnen. Solange du deine Mitmenschen zu deiner Denkweise bewegen willst, lebst du in deiner eigenen kleinen und beschränkten Welt. Öffnest du dich den anderen, lernst du Wunder kennen, die du nur nach Jahren auf eigene Faust hättest erfahren können. Das heißt noch lange nicht, dass du nun alles übernehmen sollst, was andere sagen oder denken. Dein Standpunkt muss sich keineswegs mit dem ihrigen decken. Doch bietet dir diese Offenheit eine ausgezeichnete Gelegenheit, um deine Unterscheidungskraft zu üben.

All unsere Erfahrungen gehen auf unsere Gedanken zurück. Bist du unzufrieden mit deinem gegenwärtigen Leben, dann akzeptiere zunächst, dass es so ist, wie du es gedacht hast, also dass deine Gedanken die Ursache dafür sind. Ändere die Ursache und die Wirkung wird sich ihr von ganz alleine anpassen. Wenn du willst, kannst du dir auch schon heute eine neue Vergangenheit schaffen. Dein größtes Potential liegt in den Gedanken der Gegenwart, denn sie sind es, welche die nächsten Minuten, Wochen und Jahre schaffen. Die Erfahrungen, die du gerade machst, sind die Wirkung geistiger Ursachen (deiner Gedanken), die du gestern, letzte Woche oder vor zehn Jahren in Bewegung gesetzt hast. Gelingt es dir, deine gegenwärtigen Gedanken des Erfolgs, des Wohlstands, der Liebe und des inneren Friedens den ganzen Tag beizubehalten, wird sich dein Leben schlagartig verändern.

Dein Unterbewusstsein hat die Aufgabe, automatisch alles zu wiederholen, was deine Gedanken dort abgespeichert haben. Hast du also oft genug gedacht, dass du schlecht, hässlich, unfähig oder Ähnliches bist, meint es, es handle sich um ein zu verwirklichendes Ziel und wird alles in die Wege leiten, um es zu erreichen. Dafür musst du diese Gedanken nicht einmal ausgesprochen haben. Nach einigen Jahren wirst du immer weniger Selbstvertrauen haben und dich immer unfähiger fühlen. Deshalb suchst du ständig nach Menschen, die dir das Gegenteil bestätigen, obwohl es dir schwerfällt, es zu glauben. Du wirst deine positiven Seiten erst dann akzeptieren können, wenn du dich selbst davon überzeugst. Dies kann dir jedoch nur gelingen, wenn du dir immer wieder positive Bestärkungen vorsagst, die dein Unterbewusstsein aufnimmt und schließlich die negativen Gedanken löscht. Gott sei Dank musst du nicht dein ganzes

Unterbewusstsein umprogrammieren. Du musst ihm lediglich ein neues Programm mittels deiner neuen Gedanken anbieten. Es reagiert immer auf die jüngsten Vorschläge.

Dein Unterbewusstsein arbeitet ohne Unterbrechung, auch und vor allem nachts, wenn du schläfst. Wir sollten es immer mit positiven Gedanken versorgen, ganz besonders aber abends, bevor wir zu Bett gehen. Vor dem Einschlafen ist ein ausgezeichneter Moment, um sich außergewöhnliche Dinge vorzustellen und die dazugehörigen Bilder in unserem Geiste zu schaffen, d.h. zu visualisieren. Dein Unterbewusstsein wird sie die ganze Nacht bearbeiten. Im nächsten Kapitel gehe ich näher auf die Rolle der Gefühle im Visualisierungsprozess ein und zeige, wie sie die Umsetzung der Gedanken in die Wirklichkeit beschleunigen. Du kannst diese Arbeit ab sofort beginnen, auch wenn du noch Zweifel an der Macht der Gedanken haben solltest. Du hast nichts zu verlieren und die Auswirkungen deiner negativen Gedanken in den letzten Jahren wahrscheinlich schon teuer genug bezahlt. **Wir sollten nie zögern, etwas Neues zu beginnen, wenn wir dabei nichts zu verlieren und nur zu gewinnen haben.**

Was hältst du im Allgemeinen von dir? Findest du dich anderen eher überlegen oder unterlegen? Vergiss nicht, dass du den Kontakt zu deinem inneren Gott verlierst, wenn du dich mit anderen vergleichst, da jeder Mensch ein Ausdruck Gottes ist. Vergleichst du denn zwei Rosen miteinander? Ist die eine weniger „Rose", nur weil sie noch nicht ganz geöffnet ist? Beides sind doch schöne Rosen! Sie sind beide perfekt, wenn auch in einem anderen Wachstumsstadium. Dasselbe gilt für die Menschen. Hast du die Verbindung mit deinem inneren Gott hergestellt, hörst du auf, dich mit anderen zu vergleichen.

Nehmen wir an, du fühlst dich anderen unterlegen, weil du weniger Titel, Diplome oder Geld hast. In diesem Augenblick bewertest du dich nach materiellen Maßstäben, während dein wahrer Wert spiritueller Natur ist und im Herzen liegt. Wir sollten uns nach unserer Fähigkeit, bedingungslos zu lieben, bewerten. Wir können an einem Tag so viele Handlungen der Liebe ausführen! Dazu bedarf es keiner materiellen Güter. Natürlich haben auch sie ihre Bedeutung, doch kannst du nur dann wirklich von ihnen profitieren, wenn sie es dir ermöglichen, in Kontakt mit deinem inneren Gott zu treten und deinen Mitmenschen in Freude zu helfen.

Jeder deiner Gedanken erzeugt bestimmte Formen in der Welt des Unsichtbaren. Diese Gedankenformen werden auch als Elementargeister bezeichnet. Solche Elementargeister werden durch die bewusste und unbewusste Wiederholung bestimmter Gedanken genährt. Da uns jeden Tag Tausende von Gedanken durch den Kopf gehen, sind wir auch von Tausenden solcher Gedankenformen umgeben. All diejenigen, die nicht weiter genährt werden, sterben praktisch unmittelbar wieder ab. Gut genährte Elementargeister können jedoch sehr stark werden, dir viel Energie rauben und schließlich dein ganzes Wesen einnehmen. Dann bist du von ihnen besessen. Sie werden dich mit Elementen zusammenbringen, die deinen Gedanken ähnlich sind, um sich weiterhin an ihnen nähren zu können. Heißt deine Gedankenform z.B. „Niemand liebt mich! Ich habe es nicht verdient, geliebt zu werden!", so führt dies zu Ereignissen, die diese Idee bestätigen und gleichzeitig weiter wachsen lassen: „Natürlich! Schon wieder! Sicher habe ich nicht das Richtige gesagt oder getan und werde deshalb nicht geliebt!" Und schon hast du diesen Elementargeist erneut genährt. Je größer er dadurch wird, desto weniger gute Seiten wirst du an dir erkennen können. Du wertest dich ständig ab und ziehst Situationen, die dich in deinem Vorurteil bestärken, gleichsam magnetisch an. Man weist dich tatsächlich immer mehr zurück. Deine Angst vor dieser Zurückweisung wird dazu führen, dass du immer mehr Menschen aus deinem Leben verbannst, um dir schließlich sagen zu können: „Ich wusste doch, dass es mit diesem oder jenen nicht funktionieren konnte." Du hast dir also selbst den Beweis dafür geliefert, dass du nicht geliebt werden kannst, da du es nicht wert bist.

Um solche hartnäckigen Gedankenformen überwinden zu können, die dich pausenlos belagern und dir deine Energie rauben, musst du dir dessen bewusst werden, dass du ihnen ein Gegenstück bieten musst, das als Vorstellung einer geliebten, geschätzten und bewunderten Person Form annehmen kann. Jedes Mal, wenn der alte Elementargeist des ungeliebten Entleins versucht, sich wieder Platz zu verschaffen, verjage ihn sofort mit einer positiven Bestärkung. Betrachte die Situation aus allen Blickwinkeln. Nicht dein wahres Wesen wurde da zurückgewiesen, sondern sicherlich nur eine deiner Handlungs- oder Redeweisen. Versuche hinter den Worten der anderen, die dich so verletzen, einen Funken Liebe zu erkennen oder dass sie dir vielleicht helfen wollen. So empfängst du nicht Kritik, sondern Liebe. Dadurch ändert sich auch deine Gedankenwelt: Du fühlst dich geliebt, was wiederum den Elementargeist der geliebten

Person nährt. Hat dieser den alten, negativen einmal überwunden, hast du einen großen Sieg errungen. Es wird dir
fortan immer leichter fallen, mit dem neuen Gedanken zu
leben, geliebt zu werden.

Hier nun der Spruch, der dich die nächste Woche begleiten sollte:

In einem guten und nützlichen Leben
unterstützen Taten und Gedanken
einander ohne Unterlass.

SOKRATES

6. KAPITEL

Du bist, was du fühlst

In den vorhergehenden Kapiteln sprachen wir von dem, was du siehst, hörst, sagst und denkst. Du bist dir nun deiner Kräfte bewusst geworden, die mit diesen Handlungen zusammenhängen. Eine weitere solche Kraft steckt in deinen Gefühlen, die all deine Lebenserfahrungen durch ihre Intensität beeinflussen können.

Im 5. Kapitel habe ich den Begriff der Elementargeister erklärt. Erst die Gefühle verleihen diesen Gedankenformen ihre wirkliche Stärke. Stell dir vor, du möchtest nächstes Jahr eine große Reise unternehmen. Auch wenn du viel an diese Reise denkst, diesen Gedanken durch Affirmationen bestärkst und visualisierst, so wird er nicht wahr werden, bevor du nicht auch das Gefühl hast, dass er in die Tat umzusetzen ist. Je mehr Gefühle deine Träume unterstützen und je mehr Energie du in sie steckst, desto schneller werden sie Realität. Die Kraft des Wünschens kommt aus unserem Solarplexus und ist sehr stark. Visualisierst du etwas, dann stelle es dir in allen Details vor. Fühle es, als ob es schon wahr wäre, als ob du es schon in vollen Zügen auskosten und mit jeder Pore empfinden könntest. Das ist der Schlüssel, der Wünsche wahr werden lässt. Warum glaubst du, dass die Angst so tiefe Spuren in uns hinterlässt? Fürchten wir uns vor etwas, und sei dies auch noch so unbegründet, so erleben und fühlen wir diese Erfahrung mit unserem ganzen Körper. Stell dir vor, du hast Angst, nachts auf dem Nachhauseweg überfallen zu werden. Beim kleinsten Geräusch meinst du schon, einen Angreifer zu hören, und erfährst die Beklemmung eines solchen Angriffs, so als ob sie echt wäre. Ängste sind extrem starke Emotionen, die daher auch so verheerende Wirkungen nach sich ziehen können.

Wie bereits erwähnt, kommt die Energie der Gefühle aus dem Solarplexus. Von dort strahlt sie in den ganzen Körper, besonders jedoch in den Bereich des Herzens. Das ist vor allem dann der Fall, wenn sie in Einklang mit den Gesetzen der Liebe stehen. Dann fühlen wir uns außerordentlich gut und unverwüstlich. Widersprechen deine Gefühle jedoch den Gesetzen der Liebe, so wird diese Energie in deinem Solarplexus blockiert. Die damit verbundenen Emotionen senken deine Lebenskraft. Empfindest du nicht Liebe, Frieden oder Glück, sondern überlässt du dich Gefühlen wie Angst, Rachsucht, Groll, Beklemmung, Frustration, Enttäuschung oder Schuldgefühlen, so raubst du dir jegliche Energie. Jetzt, wo du die große Wirkung deiner Gefühle kennst, solltest du dich gleich daranmachen, dir deiner Emotionen möglichst bewusst zu werden. Bevorzuge all diejenigen, die im Einklang mit den großen Gesetzen der Liebe und Harmonie stehen. So schaffst du dir ein Leben nach deinen Maßstäben und Wünschen und überwindest schließlich all deine Ängste und unliebsamen Emotionen.

Eine weitere unserer wunderbaren Gaben ist die Intuition. Diese innere Stimme wurzelt in unserem Herzen und sollte auf keinen Fall unterdrückt werden. Beobachte, was in dir vorgeht, wenn du etwas hörst, siehst, sagst oder liest. Erfüllt es dich und fühlst du dich wohl dabei, dann tut es dir gut. Ist das Gegenteil der Fall, dann halte inne, frage dich warum und stelle fest, ob du es wirklich willst. Dank dieser Fähigkeit, fühlen zu können, was in deinem Herzen vorgeht, wirst du auch lernen, immer stimmigere Entscheidungen für dich zu treffen, die dich schließlich in die richtige Richtung führen.

Verweilst du in deinem Herzen, so strahlen deine Gefühle für dich und deine Mitmenschen so viel Energie aus, dass du die passenden Menschen, Situationen und Dinge gleichsam magnetisch anziehst.

Dieses Verständnis lässt dich auch erkennen, warum nicht immer all deine Wünsche in Erfüllung gehen. Du kannst ja nur das erhalten, was du erwartest. Diese Erwartungshaltung wird jedoch viel mehr von unseren Gefühlen als von unseren Gedanken oder Worten bestimmt. Meinst du, etwas nicht zu verdienen, oder hegst du unbewusste Schuldgefühle, dann kann es auch nicht wahr werden. Fühlst du dich unterlegen, so wird man dich auch so behandeln.

Wir bedienen uns der Energie der Gefühle nicht immer richtig. Das beste Beispiel dafür sind wohl Schuldgefühle. Wahrscheinlich könnte jeder Mensch ein Buch über die Kunst schreiben, sich schuldig zu fühlen, ohne wirklich schuldig zu sein. In diesem Bereich sind wir absolute Spezialisten. Wir überprüfen nur allzu selten, ob tatsächlich Gründe für unsere Schuldgefühle vorliegen. Wirklich schuldig sind wir nur dann, wenn wir etwas getan, gesagt, gedacht oder gefühlt haben, um jemand anderem (aber auch uns selbst!) bewusst Schaden zuzufügen. Fühlst du dich also das nächste Mal schuldig für etwas, dann **frage dich, ob du absichtlich schaden wolltest.**

Unsere ganze Gesellschaft basiert auf Schuldgefühlen. Schon in unserer frühesten Kindheit wurde uns die Geschichte von Adam und Eva eingeprägt. Man hat uns eingetrichtert, dass wir in Sünde geschaffen wurden, dass das Leben dazu da ist, um zu leiden, zu büßen und ohne Unterlass zu sühnen. Auch wenn wir nicht den geringsten Grund haben, uns schuldig zu fühlen, so legen wir uns ganz schnell einen zu. Ist z. B. ein Bekannter von uns niedergeschlagen, so fragen wir uns bald: „Was habe ich nur gemacht, dass er so unglücklich ist? Was könnte ich tun, damit er sich besser fühlt?" Kommt der Ehemann abends genervt nach Hause, so fühlt sich seine Frau sofort schuldig. Kommen Kinder vom sogenannten „rechten" Weg ab, machen sich die Eltern ihr Leben lang dafür Vorwürfe. Sie sind überzeugt davon, etwas falsch gemacht zu haben.

Jedes Mal, wenn wir uns zu Recht oder zu Unrecht schuldig fühlen, haben wir das Bedürfnis, uns selbst zu bestrafen, und es kommt zu Unfällen oder allem möglichen Unglück. Willst du den verheerenden Auswirkungen der Schuldgefühle auf den Grund gehen, dann beobachte beim nächsten Mal, was genau in dir vorgeht. Was geschieht mit deinem Körper, deiner Kreativität, deiner Energie, deinem Glück. Erfahre zutiefst dieses Gefühl der Schuld. Hast du diese zerstörerische Emotion lange genug erlitten, machst du Schluss damit.

Gefühle sollten uns nur Freude, Vergnügen und Glück vermitteln. Welche Freude erfährst du durch Schuldgefühle? Keine? Dann weg damit! Kommen sie trotzdem manchmal in dir hoch, dann gehe in dich und überprüfe, ob sie tatsächlich berechtigt sind. In den meisten Fällen sind sie es nicht. Viele Menschen verwechseln Verantwortung und

Schuld. Schuldgefühle sind eine Form von gegen uns selbst gerichtetem Hass. Verantwortungsbewusste Menschen lieben sich selbst. Sie versuchen, sich durch die Ereignisse ihres Lebens selbst besser kennenzulernen. Sie übernehmen die Verantwortung für alle Folgen ihres Handelns und stellen sich immer wieder die Frage: „Was kann ich daraus lernen? Wie kann ich mich dadurch verbessern?" Menschen mit Schuldgefühlen nehmen jede Gelegenheit wahr, sich selbst wehzutun. Sie haben immer das Gefühl, etwas falsch gemacht zu haben, während es in unserem Leben keine Fehler, sondern nur verschiedene Erfahrungen gibt. Gibt es denn wirklich so viele Menschen, die sich und anderen bewusst Böses antun möchten?

Vielleicht hältst du mir entgegen: „Würde ich mich nicht schuldig fühlen, dann ginge ich morgen nicht arbeiten." Gehst du wirklich nur zur Arbeit, um dich nicht schuldig zu fühlen, dann solltest du lieber zu Hause bleiben. Eine solche Einstellung ist Selbstmord auf Sparflamme. Keine Arbeit und kein Mensch dürfen so an deiner Substanz nagen, dass sie dich langsam aber sicher zerstören. Du hast das Recht, ja die Pflicht, glücklich zu sein und an deiner Entwicklung hier auf dieser Erde zu arbeiten.

Willst du wieder zu Lebensfreude finden, weil deine Existenz nicht nach deinen Wünschen verläuft, dann versuche die Methode des amerikanischen Krebsspezialisten Dr. Carl Simonton. Erstelle eine Liste von mindestens 40 Dingen, die du gerne tust. Keines davon darf mehr als 10 Euro kosten, um der Entschuldigung des Geldmangels zuvorzukommen. Bewahre diese Liste immer in deiner Nähe auf und greife zu ihr, sobald du einen kleinen Energieschub brauchst.

Hier nun der Gedanke, den ich dir nach der Lektüre dieses 6. Kapitels und für die nächste Woche ans Herz legen möchte:

Der Mensch kann nur dann
glücklich sein und
sich sicher fühlen,
wenn sein Herz schneller fühlt,
als sein Geist denken kann.

SRI CHINMOY

7. KAPITEL

Du bist, was du isst

Hast du noch nie gehört, welche Rückschlüsse auf deinen Charakter deine Essgewohnheiten zulassen, so werden einige Dinge in diesem Kapitel dich sicherlich überraschen. Aus all deinen Lebenserfahrungen wählst du jetzt diejenigen aus, die dir am besten entsprechen. Auch das ist ein Weg, dir die Welt der Gefühle zunutze zu machen.

Wie ernährst du dich? Isst du, wie viele andere, ein- bis zweimal täglich Fleisch? Nimmst du viel Brot, Nudeln und Kuchen zu dir? Trinkst du Wein oder Bier dazu? Ein kleiner Cocktail davor und ein Magenbitter danach? Da kannst du viel über dich herauslesen.

Bevor du weiterliest, möchte ich dir eine kleine Übung vorschlagen: Versuche zu notieren, was du in den letzten drei Tagen gegessen und getrunken hast. Schreiben wir Dinge auf, dann bemerken wir, was wir bewusst getan haben und was nicht.

Deine Tagesverfassung hat großen Einfluss auf deine Ernährung. Viele wollen das nicht wahrhaben, weil sie meinen, die Nahrung sei oft schuld daran, dass sie sich nicht wohlfühlen. Natürlich können wir eine so komplexe Frage nicht auf eine einfache Antwort reduzieren.

Nehmen wir an, du tendierst dazu, zu viel **Zucker** zu essen. Damit meine ich nun nicht nur Süßigkeiten und Desserts, sondern auch alles, was unsere Verdauung zu Zucker umformt: Alkohol, Nudelgerichte, Brot, Säfte usw. Schlägst du bei diesen Nahrungsmitteln über die Stränge, so hast du sicher das Bedürfnis nach Zärtlichkeit. Bekommst du zu wenig Süßes von deinem Leben, versuchst du das mittels deiner Ernährung wettzumachen.

Die meisten von uns wurden während ihrer Kindheit in ähnlicher Weise „programmiert". Ließen uns unsere Mütter besondere Aufmerksamkeit zuteil werden, dann taten sie das mit etwas Süßem – nicht mit Karotten und Spinat! Man tröstete, beschäftigte oder belohnte uns mit Süßigkeiten. Als Erwachsene machen wir selbst damit weiter. Laufen die Dinge nicht so, wie wir wollen, oder bekommen wir nicht genügend Komplimente, trösten wir uns mit Zucker. Hat man uns nicht oft genug gesagt, wie hübsch, nett oder großartig wir sind, flüchten wir zu einer Tafel Schokolade oder Erdbeertorte. An dieser Stelle sei erwähnt, dass der Umstand, von Komplimenten, Dank oder Lob anderer abzuhängen, ein ziemlich sicheres Zeichen dafür ist, dass es uns an Selbstsicherheit fehlt, da wir uns nicht genug lieben. Wir sind zu streng mit uns selbst und gestatten uns nicht genügend angenehme Dinge in unserem Leben.

Isst du regelmäßig Nachspeisen, Brot und Nudelgerichte oder trinkst gewöhnlich Alkohol oder Getränke mit Kohlensäure, dann versucht dein Körper dir dadurch zu sagen, dass dein Glück zu sehr von anderen abhängt. Du magst vielleicht sehr entgegenkommend sein, hast aber auch hohe Erwartungen an deine Mitmenschen. Du gibst in der Hoffnung auf Anerkennung, Trost oder irgendeine Form der Zuneigung. Wahrscheinlich hältst du dich für sehr großzügig, machst in Wirklichkeit aber keine bedingungslosen

Geschenke. Dinge auf diese und andere Weise an sich ziehen zu wollen ist ein häufiger Grund für Übergewicht.

Menschen, die zu **salzig** essen, gern Geräuchertes haben und schon salzen, bevor sie überhaupt kosten, wollen in der Regel, dass alles nach ihrem Geschmack geht und beharren auf ihren Ansichten. Spielen sich die Ereignisse jedoch nicht nach ihren Wünschen ab, kritisieren sie sich oder alle anderen. Isst du gern salzig, dann wirf einmal einen genaueren Blick auf dein Leben. Vielleicht ist dir noch gar nie aufgefallen, wie kritisch du bist? Deine Ernährung kann dir diesbezüglich wertvolle Aufschlüsse geben. Anstatt also dich und die Welt zu kritisieren, solltest du lernen, dich und die anderen zu lieben. Versuche die positiven Seiten der Dinge, Ereignisse und Menschen zu erkennen. Alles, was uns in unserem Leben widerfährt, kann ein Anlass dazu sein, besser lieben zu lernen.

Isst du gerne **scharfe** Speisen? Dann fehlt es deinem Leben wohl an Würze. Was wäre deiner Ansicht nach ein anregendes Leben? Findest du dein Leben bewegt genug? Ist das nicht der Fall, dann überlege dir, was für dich ein schwungvolles Leben wäre und, los, schaff es dir! Dasselbe gilt für große **Kaffeetrinker.** Auch Koffein wirkt anregend. Welches Feuer fehlt dir in deinem Leben? Hast du ein Ziel oder einen Lebenszweck? Das ist ein ausgezeichneter Ansporn. Anstatt dich mit äußeren Mitteln zu stimulieren, kannst du den nötigen Enthusiasmus auch in deinem Inneren finden. Dein Körper wäre dir überdies dankbar dafür.

Magst du es gern **sauer?** Liebst du Essig? Dann frage dich, welche sauren Gedanken du zurzeit hegst. Auf wen bist du denn sauer? Schürfst du ein bisschen tiefer, wirst du dir diese

Frage schon bald beantworten können. Es liegt allein an dir, deine negativen Gedanken zu überwinden.

Isst du viel **Fleisch?** Auch das lässt Aufschluss auf deinen Charakter zu. Fleisch muss gut gekaut werden, um es zu zerkleinern. Gibt es da jemanden, den du am liebsten in Stücke reißen würdest? Wusstest du, dass eine Vorliebe für **fette** Speisen auf verdrängte Wut und Aggressivität deutet? Warum lässt du diesen Zorn an einem Stück Fleisch aus, anstatt ihm durch Worte Ausdruck zu verleihen? Der menschliche Körper ist nicht dafür geschaffen, Fleisch zu essen. Die Tiere wurden für ihre eigene Entwicklung geschaffen und nicht dafür, dass wir sie verspeisen. Eier sind z.B. eine ausgezeichnete Quelle für Proteine. Doch was macht der Mensch? Er isst gleich das ganze Huhn. Und auch mit Milchprodukten will er sich nicht begnügen, schließlich muss auch die ganze Kuh dran glauben.

Verstoßen wir gegen die Gesetze der Natur, so haben wir einen Preis dafür zu bezahlen. Seit Jahrhunderten haben die Menschen so viel Fleisch zu sich genommen, dass ihre Leber fast verlernt hat, bestimmte Lebensmittel in Eiweiß umzuwandeln. Unsere Leber ist faul geworden, da sie weiß, dass sie täglich mehr als genug Proteine bekommt. Der Genuss von Fleisch macht uns aggressiver, bringt zahlreiche Giftstoffe in den Körper, macht uns anfälliger für Krankheiten und lässt uns schneller altern. Sogar aus Studien der Schulmedizin geht hervor, dass 73 % der Todesfälle auf überhöhten Verzehr von Fleisch zurückzuführen sind.

Vor dem Schlachten wissen Tiere genau, was ihnen bevorsteht. Angst und Stress verursachen eine überhöhte Ausschüttung von Adrenalin, das im Fleisch bleibt. Es hat keinen Sinn, uns da etwas vorzumachen. Essen wir totes Tier, verzehren wir einen Kadaver voll mit dem Gift der Angst. Zahlreiche Untersuchungen haben aufgezeigt, dass es dem menschlichen Organismus sehr schwerfällt, die Angst und den Schrecken des Tieres auf der Schlachtbank in positives Denken umzuwandeln. Bekommt ein Mensch eine Transfusion mit dem Blut eines anderen, das von Angst oder anderen negativen Gefühlen geprägt ist, so kann er dieses innerhalb weniger Tage durch sein eigenes Gedankenuniversum umwandeln. Da unser Körper jedoch nicht für tierische Nahrung geschaffen ist, gelingt es ihm nur schwer, das wesentlich niedriger schwingende Blut von Tieren zu assimilieren. Fleischessern fällt es daher auch schwerer, ihre Emotionen und Ängste zu kontrollieren.

Ich versuche durch diese Zeilen u. a. folgende Botschaft zu übermitteln: Isst du gern und viel Fleisch, dann neigst du dazu, nachtragend und anderen lange böse zu sein. Es fällt dir schwer, alles, was du seit deiner Kindheit erlebt hast, zum Ausdruck zu bringen, und daher trägst du es wie eine große Last mit dir herum. All das kommt in deinen Essgewohnheiten zum Vorschein. Früher oder später wird dein Körper die Folgen davon zu erkennen geben.

Schlingst du dein Essen schnell hinunter? Wahrscheinlich hältst du das auch so in deinem Leben und nimmst dir nur selten Zeit dazu, die Dinge zu genießen. So kannst du auch nicht voll und ganz im Augenblick leben. Gehörst du hingegen zu den Menschen, die eine Ewigkeit vor ihrem Teller sitzen, dann neigst du eher dazu, im Augenblick verharren zu wollen, weil du Angst vor der Zukunft hast. In beiden Fällen wäre es wohl angebracht, die gesunde Mitte zu finden.

Gehörst du zu den **heiklen Typen?** Isst du nur ganz bestimmte Dinge, ohne Neues probieren zu wollen? Dann hältst du dich wohl auch in deinem Leben an ganz bestimmte, in der Kindheit und Jugend erlernte Verhaltensmuster. Stehst du neuen Erfahrungen jedoch nicht offen gegenüber, lässt du dir zahlreiche Gelegenheiten entgehen und dein Leben wird recht eintönig verlaufen.

Streitest du oft während des Essens? Sind gemeinsame Mahlzeiten für dich eine gute Gelegenheit, bestimmte Angelegenheiten zu regeln? Dann hast du sicher auch Verdauungsprobleme, da die Verdauung weniger von den Nahrungsmitteln selbst als von der Art und Weise abhängt, wie wir sie zu uns nehmen. Wir sollten in Ruhe essen, jeden Bissen genießen und dem Schöpfer dafür danken. Je mehr du für deine Nahrung dankst, desto mehr wird sie dich stärken und beleben.

Isst du möglichst natürlich oder stehen eher Schnellkost und **Junkfood** auf deinem Speiseplan? So wie du dich ernährst, so achtest du dich. Liebst du jede Zelle deines Körpers und hast erkannt, dass er ein Ausdruck Gottes ist, so wirst du ihm keine schlechte Kost mehr zumuten. Die besten Nahrungsmittel sind die, welche der Sonnenstrahlung ausgesetzt waren. Obst und Gemüse sind ausgezeichnet. Oberirdisches Gemüse versorgt dich mit den Vitaminen von **Vater Sonne,** während wir aus dem Wurzelgemüse die Mineralstoffe unserer **Mutter Erde** beziehen. Ein besonderer Stellenwert kommt dem Getreide zu, in dem lebenswichtige Nährstoffe enthalten sind. Vervollständigen wir all dies mit Nüssen und Hülsenfrüchten, so haben wir die Grundsteine einer ausgewogenen Ernährung.

All dies soll jetzt nicht heißen, dass du ab sofort kein Fleisch oder andere gewohnte Nahrungsmittel essen sollst. Hast du dich jedoch dazu entschlossen, dich fortan bewusster zu ernähren, so kannst du schon ab heute die ersten Verbesserungen einführen. Du kannst z.B. damit beginnen, rotes Fleisch zu meiden und nur noch Fisch und (am besten mit Getreide gezüchtetes) Geflügel zu essen. Du wirst merken, dass du tierisches Eiweiß immer weniger brauchst, und langsam aber sicher zu einer natürlichen Ernährung finden.

Neigst du dazu, Küche und Kühlschrank mit Vorräten vollzustopfen, weil du **Angst** hast, es könne **etwas fehlen?** Dann isst du sicherlich auch Nahrungsmittel aus Angst, sie könnten verderben, und wirst so selbst zur Mülltonne. Wie kannst du dich dann noch achten? Es ist heutzutage so einfach, uns unsere Nahrung frisch zu besorgen, ohne sie horten zu müssen. Auch volle Schränke sind eine Form der Verschwendung.

Alles ist Energie. Alles stammt aus derselben göttlichen Energie, die wir respektieren sollten. Fürchtest du immer, es könne dir an etwas fehlen, so deutet das auf gewisse Mangelerscheinungen hin. Was fehlt dir denn? Liebe? Dann verteile davon, so viel du kannst! Zuneigung? Dann lass sie deinen Nächsten zuteil werden! Fehlt dir Geld, dann verschenke es! Erst durch das Geben öffnest du den Energiekanal, der es dir ermöglicht, selbst zu empfangen.

Isst du, weil es **Zeit zu essen** ist? Auch diese Haltung lässt interessante Rückschlüsse auf dich zu. Du lenkst dein Leben nicht selbst. Du lässt dich von Mechanismen oder anderen Menschen steuern, weil „es sich halt so gehört" oder weil die „Essenszeit heilig" ist. Du kannst aus Gewohnheit, aus

Appetit, aufgrund von Emotion oder aus Hunger essen. Erscheint dir all das noch fremd, dann verweise ich dich auf mein erstes Buch *Höre auf deinen Körper, deinen besten Freund,* wo ich näher auf diese Frage eingehe.

Kommen wir noch einmal zurück zur Frage des **Alkohols,** die ich zuvor schon einmal kurz angesprochen habe. Trinkst du zu viel, so versuchst du zu vergessen, dass du dich selbst nicht akzeptierst oder schätzt. Alkohol schadet nicht nur deinem physischen Körper, sondern auch dem Astralkörper deiner Emotionen. Ein beschädigter Astralkörper bietet keinen Schutz mehr gegen die niedere Astralwelt. Solche niederen Emotionen umgeben uns überall und sind nicht weniger real, nur weil sie unsichtbar sind. Je mehr ein Mensch jedoch solche niederen Gefühle wie Angst oder Zorn aufnimmt, desto mehr neigt er dazu, sich zu betrinken, um sie zu vergessen. Und je mehr er trinkt, desto mehr ist er ihnen ausgesetzt usw. Es ist ein Teufelskreis im wahrsten Sinne des Wortes. Hast du einen Hang zum Alkohol, so solltest du unbedingt wieder Kontakt zur Größe deiner Seele und der Präsenz Gottes in deinem Inneren aufnehmen. Erstelle eine Liste all deiner positiven Seiten, die du täglich ergänzt. Auch wenn dir diese Schönheit zurzeit noch fremd erscheint, so ist sie doch da! Frag andere, was sie schön an dir finden. Richte deine Aufmerksamkeit immer mehr auf deine innere Schönheit, anstatt dich als minderwertiges Abfallprodukt zu betrachten.

Mangelt es dir oft an **Appetit,** hast du nie wirklich Hunger und isst nur häppchenweise, so meint dein Unbewusstes vielleicht, du verdientest nicht zu leben. Was hältst du von dir selbst? Leidest du unter so großen Schuldgefühlen, dass du dich weigerst, dich zu ernähren? Wofür willst du dich bestrafen? Versuche so schnell wie möglich. wieder Kontakt zu deinem inneren Gott herzustellen. Suche dir einen Grund zu leben, ein Ziel.

Hier der Gedanke, über den du die nächsten sieben Tage meditieren solltest:

Manche versuchen, ihre Ängste
in Drogen, Medikamenten,
Zucker oder Alkohol
zu ertränken,
doch leider können sie schwimmen!

8. KAPITEL

Du bist, wie du dich kleidest

War dir klar, dass deine Kleidung recht genaue Rückschlüsse auf deine Tagesstimmung zulässt? Jedes Detail hat seine Bedeutung, vom Schnitt eines Kleides zu seiner Farbe.

Trägst du eher weite Gewänder? Verschwindest du in deinen Hosen oder Röcken? Könnte es sein, dass du dich zu verstecken suchst? Möchtest du nicht, dass man deine Körperformen oder aber deine Persönlichkeit erkennt? Welchen schrecklichen Aspekt willst du hinter dem wallenden Stoff verbergen? Deine Weiblichkeit? Deine Feinfühligkeit?

Oder bist du eher das Gegenteil und neigst dazu, dich in hautenge Kleidung zu zwängen? Welchen Körperteil pferchst du dadurch ein? Ist es deine Taille, so entspricht dies dem Energiezentrum der Emotionen. Welche Gefühle versuchst du zu unterdrücken? Wovor möchtest du dich schützen, wogegen willst du dich verteidigen?

Ist dein Hals immer unter einem Rollkragen, Schal oder Schlips verborgen, so weigerst du dich, etwas preiszugeben, da das Hals-Chakra ja der Energie des Ausdrucks und der Wahrheit entspricht. Fällt es dir schwer, ehrlich zu sein oder zuzugeben, was wirklich in dir vorgeht, so gelingt es dir wahrscheinlich nicht, deine Liebe zum Ausdruck zu bringen oder deinen Mitmenschen Komplimente zu machen und ihnen zu sagen, was du gut an ihnen findest. Fällt es dir leichter, sie zu kritisieren, oder verschließt du dich ganz einfach? Oder sagst du vor allem Dinge, die andere gerne hören möchten, anstatt deine wahren Gedanken zum Ausdruck zu bringen?

Bist du von Kopf bis Fuß hauteng gekleidet, um deine Formen besonders zu betonen, dann willst du wohl zeigen, wie sinnlich du bist. Will man Dinge jedoch mit allen Mitteln unterstreichen, so zeugt das nicht unbedingt von großem Selbstvertrauen. Es ist viel eher ein Zeichen dafür, dass man versucht, seinen Nächsten etwas weiszumachen, woran man selbst nicht glaubt.

Andere wiederum versuchen, durch enge Kleidung ihr Übergewicht ganz betont zur Schau zur stellen. Was willst du zeigen, wenn das der Fall bei dir ist? Willst du deine Mitmenschen vor den Kopf stoßen oder suchst du bewusst ihre Ablehnung zu provozieren, um das schlechte Bild, das du von dir selbst hast, zu bestätigen? Schnürst du dich ein, um dir zu beweisen, dass du hässlich bist?

Manche Menschen ziehen sich prinzipiell ein, zwei Größen zu klein an. Sie wollen sich nicht eingestehen, dass sie dick sind, und versuchen mit allen Mitteln, die Botschaft ihres Körpers zu ignorieren, der versucht, ihnen durch ihr Übergewicht etwas mitzuteilen. Sich der Realität zu stellen kann oft sehr unangenehm sein. Sind uns bestimmte Mechanismen einmal bewusst geworden, können wir nicht mehr umhin, uns ihnen zu stellen, auch wenn das noch so ärgerlich ist.

Wie ziehst du dich während der Woche an? Trägst du schon seit Jahren dieselben Sachen, von denen du dich einfach nicht trennen kannst? Gehörst du zu den „Aufhebern", die sich an Dinge binden und Angst haben, ihren Besitz zu verlieren? Dadurch schaffen sie aber auch keinen Platz für

Neues! Höchstwahrscheinlich geht es dir dann mit deinen Gefühlen und Überzeugungen ebenso. Es fällt dir schwer, überholte Ideen zu überwinden und neue zu akzeptieren. Deine zwischenmenschlichen Beziehungen sind in der Regel possessiv.

Stapeln sich in deinen Schränken Kleidungsstücke, die du schon seit ein paar Jahren nicht mehr getragen hast, für den Fall, dass du sie irgendwann einmal wieder brauchen könntest? Hast du etwas seit über einem Jahr nicht mehr getragen, so wirst du das höchstwahrscheinlich nie mehr tun. Wäre es nicht an der Zeit, etwas Platz zu schaffen? Verschenke diese Kleider oder entsorge sie. Du musst Energie in Bewegung setzen, wenn du dir eine neue Haut schaffen willst.

Hebst du dein altes Nachthemd für den Fall auf, es einmal für einen Krankenhausaufenthalt oder eine Reise zu benötigen? Harren deine schönsten Kleider in einem Schrank einer ebenso außergewöhnlichen wie seltenen Gelegenheit, um einmal getragen zu werden? Weißt du, dass das eine typische Haltung von Menschen ist, die das Gefühl haben, keine schönen Dinge zu verdienen? Betrifft das nur ein paar Kleidungsstücke, so ist das nicht weiter erwähnenswert. Handelt es sich jedoch um eine generelle Haltung, so solltest du einmal versuchen, dich gelegentlich auch während der Woche ohne bestimmten Anlass schick anzuziehen. Gerade diesbezüglich leben wir in einer ausgezeichneten Epoche: Alles ist erlaubt, alles wird getragen, ob kurz oder lang, dezent oder knallig, bei Tag oder am Abend, während der Woche oder am Wochenende. Die Angewohnheit der Sonntagskleidung haben wir von unseren Großeltern übernommen. Wäre es nicht langsam an der Zeit, in unserer Zeit zu leben?

Trägst du zu Hause ausgewaschene, abgetragene oder Kleidung voller Farbflecken? Fühlst du dich dabei gut? Wäre es dir unangenehm, wenn jemand ganz zufällig vorbeikäme und dich so sähe? Würdest du dich ganz schnell umziehen oder dich in Grund und Boden schämen? Warum trägst du dann dieses alte Zeug? Ob du nun zu Hause aufräumst, einkaufen oder arbeiten gehst, wichtig ist vor allem, dass du dir gefällst, wenn du dich im Spiegel ansiehst. Ist das nicht der Fall, dann zieh dich um. Angenehme Kleidung wird auch dein inneres Wohlbefinden stärken. Das soll nun keineswegs heißen, dass du all deine alte Kleidung wegwerfen sollst. Stört es dich nicht, darin gesehen zu werden, und fühlst du dich wohl darin, dann ist das völlig in Ordnung. Wichtig ist einzig und allein, dass du dir immer und überall selbst gefällst.

Trägst du lieber natürliche Stoffe oder Synthetik? Je mehr du deinen Körper lieben lernst, desto mehr wirst du Kleidung aus Leinen, Wolle oder Baumwolle tragen wollen. Auch von Kleidung aus Tierfellen oder Leder ist abzuraten, weil wir uns dadurch mit der Aura der Angst des getöteten Tieres umgeben. Das gilt weniger für kleinere Lederwaren wie Gürtel, Schuhe oder Handtaschen, wo uns wesentlich weniger negative Schwingungen umhüllen. Es heißt, dass der Mensch von einem Klima der Gewalt, des Todes und der Zerstörung umgeben sein wird, solange er Tiere nicht aus Notwendigkeit, sondern aus Verschwendungssucht tötet, um ihr Fleisch im Übermaß zu essen oder ihre Häute zu tragen.

Ist die Kleidung nicht der Ausdruck unserer Tagesstimmung, so zeigt sie mit ziemlicher Sicherheit, welche Schwingung wir gerade am meisten brauchen. Tatsächlich hat jede Farbe ihre eigene Schwingung und entspricht auch einem ganz bestimmten Ton. Mischen wir also bestimmte Farben, so erzeugen wir zugleich ein Gefüge von Schwingungen, das unseren Körper ebenso subtil wie real beeinflusst. Es kann also nur zu deinem Vorteil sein, wenn du dich am Morgen kurz fragst, welche Farben du an diesem Tag am meisten brauchst, bevor du deine Garderobe zusammenstellst. Sieh alle Farben in deinem Schrank an, und plötzlich wird dich die eine oder andere ansprechen. Genau diese brauchst du an diesem Tag – ein ebenso einfaches wie sicheres Mittel, um dich besser im Alltag zu fühlen.

Es gibt einige gute Bücher zum Einfluss und der Bedeutung der Farben. So steht z.B. intensives Rot für die physische Form der Lebensfreude. Hast du eines Morgens also Lust, Rot zu tragen, so kann das heißen, dass es dir gerade an Kraft und Enthusiasmus mangelt. Es kann aber auch bedeuten, dass du aggressiv bist. Blau hingegen besänftigt und heilt. Vielleicht brauchst du es an einem Tag, um dich zu beruhigen oder bei schlechtem Wetter in Stimmung zu bringen. Blau kann aber auch einfach dem inneren Frieden entsprechen, den du gerade empfindest. Dein seelischer Zustand und die Farbe deiner Kleidung werden dir und deinen Mitmenschen helfen.

Lässt dich deine Kleidung jünger oder älter aussehen, als du tatsächlich bist? Auch das spricht für sich. Trägst du mit fünfzig Jahren Miniröcke wie eine Jugendliche, dann liegt der Schluss nahe, dass du dich und dein Alter nicht akzeptierst. Kleidest du dich als Jugendliche jedoch konservativ und ausgesprochen damenhaft, dann willst du wohl vorschnell altern und akzeptierst auch hier dein Alter nicht. Das gilt wie immer ebenso für Männer wie für Frauen.

Kleidest du dich wie im letzten Jahrhundert, so ist es durchaus möglich, dass deine Seele nicht akzeptiert hat, in diese Epoche hineingeboren worden zu sein und versucht, ein früheres Leben weiterzuführen. Es ist wichtig, uns des Ortes und der Zeit, in der wir leben, bewusst zu werden und sie zu akzeptieren, anstatt zu versuchen, in die Vergangenheit zurückzukehren.

Vielleicht kleidest du dich aber auch völlig unkonventionell und kannst nicht verhindern, als Außenseiter die Aufmerksamkeit anderer auf dich zu ziehen. Gefallen dir deine Klamotten wirklich oder liegt dir vor allem an der Provokation? Handelt es sich um eine Reaktionshaltung gegen deine Eltern? Die Wahl unserer Garderobe ist eine persönliche Entscheidung und kein mehr oder weniger unbewusstes Verlangen und Reaktionsgebaren, um andere zu beeindrucken oder vor den Kopf zu stoßen.

Werden deine Anziehgewohnheiten von deinem Partner, deinen Eltern oder Freunden bestimmt, so deutet dies darauf hin, dass du nicht glaubst, dein Leben nach deinen eigenen Vorstellungen leben zu können.

Glaubst du nicht, es wäre höchste Zeit, deinen Kleiderschrank einmal in Augenschein zu nehmen? Hast du in den letzten Jahren zu viel unnützes Zeug angesammelt, so ist nun vielleicht der Moment gekommen, das Gesetz der Leere in Gang zu setzen. Analysiere deine Kleidungsgewohnheiten im Licht der obigen Ausführungen. Es würde mich überraschen, wenn du dabei nicht ein paar interessante Entdeckungen machst.

Hier noch als Kapitelabschluss ein Gedanke zur Meditation:

Die größte Lüge
der Menschheit lautet:
„Wenn ich einmal habe,
was ich will,
werde ich glücklich sein."

9. KAPITEL

Du bist, wie du wohnst

Vielleicht erscheint es dir seltsam, dass sogar unsere Wohnung Aufschlüsse über uns geben soll. Hast du jedoch schon bis hierher gelesen, dämmert es dir bereits, dass alles seine Bedeutung hat. Es ist so wunderbar, einen neuen Blick aufs Leben zu werfen, bewusster zu werden und all diese Dinge zu lernen, um sich selbst besser kennenzulernen. Das heißt ja nicht, dass wir nun wie besessen alles hinterfragen müssen. Es geht vielmehr darum, mit offenen Augen und Ohren durch die Welt zu gehen und sich für alles zu interessieren. Und plötzlich fällt es uns wie Schuppen von den Augen: „Ja genau! Wieder habe ich eine neue Seite meines Wesens kennengelernt." Du analysierst sie und beschließt, ob du sie behalten willst. Dazu kannst du dir einen kleinen inneren Monolog angewöhnen: „Gefällt mir dieser Aspekt an mir? Macht er mich glücklich oder zufrieden?" Dieser Bewusstwerdungsprozess ermöglicht es uns, bestimmte Verhaltensweisen zu überwinden, die wir nicht mehr an uns mögen, da sie uns einfach zu viel kosten, indem sie weniger Vor- als Nachteile mit sich bringen.

Dein Haus bzw. deine Wohnung steht für dein Innenleben. Wie sieht dein Zuhause aus? Gibt es mehrere Etagen? Die Stockwerke symbolisieren die verschiedenen Ebenen deines Inneren. Der Keller ist das Reich der Instinkte, des Unterbewussten und der Vergangenheit. Das Erdgeschoss

97

steht für das Bewusstsein und die Gegenwart. In den oberen Etagen steckt das eigentliche Wesen in seiner spirituellen Dimension und die Zukunft.

Natürlich können diese Bedeutungen je nach Mensch variieren. Hältst du dich oft im Untergeschoss deines Hauses auf? Vielleicht verspürst du das Bedürfnis nach Vergnügen und materiellen Gütern. Das kann durchaus auch daher kommen, dass du dir solche Bedürfnisse früher nie zugestanden hast. Hast du deine Instinkte jemals erforscht? Nur du allein kannst wissen, ob das Ausleben solcher Urinstinkte wie der Befriedigung der Sinne dir mehr Vor- oder Nachteile bringt. Um unsere Instinkte beherrschen zu können, müssen wir zuerst lernen, sie auszuleben. Die Anziehungskraft, die der Keller zurzeit auf dich ausübt, kann auch bedeuten, dass du das Bedürfnis verspürst, andere Aspekte deiner Persönlichkeit in deinem Unterbewusstsein zu entdecken. Vielleicht lebst du aber auch zu sehr in der Vergangenheit – einer Vergangenheit, die viel zu großen Einfluss auf deine Gegenwart ausübt.

Verbringst du hingegen den Großteil deiner Zeit in den oberen Stockwerken eines Gebäudes, so fühlst du dich von der Spiritualität angezogen. Der materielle Aspekt des Lebens ist zweitrangig für dich. Folgst du dieser Anziehungskraft oder leistest du ihr Widerstand? Wohnst du weit oben in der Natur, so hast du noch engeren Kontakt zur spirituellen Dimension deines Wesens. Natürlich ist es wesentlich leichter, die Verbindung zu Gott in der Schönheit der Natur als im Lärm einer verschmutzten Stadt herzustellen.

Wie sind die Decken deiner Wohnung beschaffen? Je höher die Decken, desto mehr Raum und Freiheit kannst du deinem weiteren Leben gewähren. Hat dein Haus viele Treppen? Stiegen symbolisieren die Passage vom Unterbewussten zum Bewusstsein und umgekehrt. Benutzt du diese Treppen sehr häufig, so deutet das darauf hin, dass du oft zwischen den verschiedenen Bewusstseinszuständen wechselst. Bleibst du hingegen meistens auf derselben Etage, so befindest du dich wohl in einer eher stabilen Lebensphase.

Ist dein Zuhause sehr geräumig, dann hast du das Bedürfnis, auch in deinem Inneren frei zu atmen. Ist jedoch alles winzig und gedrängt, so gewährst du wohl auch dir selbst nicht genügend Freiraum, um zu wachsen und zu gedeihen.

Umgibst du dich gern mit schönen Dingen? Findest du dein Umfeld harmonisch? Gefallen dir deine Möbel, Elektrogeräte, Tapeten und die Farben der Wände? Fühlst du dich wohl in der Dekoration deiner Wohnung oder würdest du gern ein paar Räume völlig umgestalten? Dasselbe gilt für dein Innenleben. Wie gehst du damit um? Beklagst du dich, dass dein Haus nicht mehr deinem Geschmack entspricht, ohne wirklich etwas daran zu verändern, oder machst du dich eher ans Werk, um das zu verändern, was dir missfällt?

Ist deine Wohnung voll mit Möbeln, Dekorationsgegenständen und Erinnerungsstücken, die du seit Jahren zusammengetragen hast? Dann ist wahrscheinlich auch dein Inneres überladen. Fällt es dir schwer, deine Prinzipien, Gewohnheiten und alten Ansichten aufzugeben? Vielleicht hast du Lust auf Neues, aber noch nicht erkannt, dass du dazu erst einmal Platz schaffen und mit Altem aufräumen musst. Sammelst du weiterhin alles an, hast du irgendwann einmal keinen Platz mehr. Siehst du nicht, wie viel Arbeit du investieren musst, um all das zu säubern, abzustauben und instand zu halten? Überdies kostet es dich auch noch Geld für Reparaturen und Versicherungen. All diese Energie könnte auch wesentlich besser investiert werden. Mach dir bewusst, dass das materielle Gerümpel dem geistigen entspricht. Eine solche mentale Überfüllung verursacht auch Gedächtnisprobleme. Warum haben so viele alte Menschen Probleme mit ihrem Kurzzeitgedächtnis? Sie haben keine Schwierigkeiten, sich an Dinge zu erinnern, die 20 Jahre zurückliegen, aber schon vergessen, dass sie etwas vor 20 Minuten erzählt haben, und beginnen wieder von vorn damit.

Kommt genug Tageslicht in deine Wohnung? Was siehst du, wenn du aus den Fenstern blickst? Ist es schön, ruhig und erholsam? Die Fenster unseres Hauses deuten darauf hin, wie offen wir dem Leben, unseren Mitmenschen und unserer ganzen Umwelt gegenüberstehen.

Ist Sauberkeit wichtig für dich oder findet man Staub hinter allen Möbeln? Sind deine Schränke und Schubladen sauber? Sind sie verstaubt, so gilt das wohl auch für deine Ansichten. Dieser Staub kommt von deinem Verstand, der alles begreifen und analysieren will. Das ist der königliche Weg des Stolzes! Stolze Menschen wollen immer recht behalten und versuchen, anderen ihre Meinungen aufzudrängen. Durch diese Haltung fühlen sie sich schließlich weder wohl mit sich selbst noch mit ihren Nächsten. Ihre Beziehungen verstauben.

Bist du ordentlich? Ordnung und Sauberkeit sind nicht dasselbe. Deine Wohnung kann sauber sein, während zahlreiche Gegenstände kreuz und quer in Schubladen verteilt sind. In dir sieht es wahrscheinlich ähnlich aus. Fällt es dir schwer, Entscheidungen zu treffen oder zu beschließen, in welche Richtung dein Lebensweg führen soll? Vielleicht neigst du aber auch dazu, auf morgen zu verschieben, was du eigentlich heute erledigen wolltest. Du hast zwar gute Absichten, aber es will dir nicht so recht gelingen, zur Tat zu schreiten. Man verliert viel zu viel Zeit und Energie, Dinge in der Unordnung zu suchen. So ist es auch, wenn man Dinge umsetzen will. Man vergeudet viel Zeit damit, von einer Sache zur anderen zu springen, bevor man wirklich zum Wesentlichen kommt.

Die Küche steht für das dominierende Weibliche. Erinnere dich daran, was wir zuvor über das weibliche Prinzip sagten: Es handelt sich hier um die kreative Seite des Menschen, nicht um sein Geschlecht. Dieses Prinzip der nährenden Mutter entspricht der Zärtlichkeit und Güte und öffnet sich der Intuition und Psyche. Es hat demnach auch ein gutes Gefühl für unsere wahren Bedürfnisse. Ist deine Küche in Ordnung? Ist sie geräumig, praktisch und angenehm? Deine Küche zeigt dir, wie du mit deiner weiblichen Seite umgehst.

Jetzt kommen wir zum Schlafzimmer. Ist das dein bequemster Raum? Fühlst du dich hier wohl und ist er nach deinem Geschmack eingerichtet? Möchtest du einen besseren Einblick in deine Intimsphäre gewinnen, so beschreibe dein Schlafzimmer einem fiktiven Zuhörer, der es noch nie gesehen hat. Beobachte genau, welche Wörter du dabei benutzt. Sie werden dir wertvolle Aufschlüsse über das Klima deines Innenlebens geben.

Kümmerst du dich in deinem Zuhause viel mehr um die sichtbaren als um die unsichtbaren Dinge? Ist dir das Äußere deines Hauses wichtiger als die Inneneinrichtung? Hat man einen ausgezeichneten ersten Eindruck, wenn man zu dir kommt? Lässt dieser Eindruck aber nach, wenn man etwas ins Detail geht? In diesem Fall beherrscht deine Persönlichkeit deine Individualität.

Die Persönlichkeit eines Menschen ist sein äußerer Aspekt, das, was die anderen zuerst an ihm wahrnehmen. Die Individualität enthüllt sich erst, wenn man ihn besser kennenlernt. Unser Leben können wir nur wirklich meistern, wenn wir in Kontakt zu unserem wahren Wesen stehen. Unsere Persönlichkeit wird geformt von Eltern, Familie, Erziehung und den verschiedensten Einflüssen unserer Kindheit. Viele unserer Verhaltensweisen hatten zunächst den Zweck, anderen zu gefallen. Die meisten Menschen denken, sprechen und handeln in Übereinstimmung mit dem, was ihrer Ansicht nach von ihnen erwartet wird. Sie wollen geliebt werden und fürchten die Zurückweisung anderer. Du wirst deine wahre Individualität kennenlernen, wenn du deine wahren Bedürfnisse erkannt und guten Einblick in dein Innenleben gewonnen hast. Du wirst wissen, wer du wirklich bist. Du wirst sicher bestimmte Aspekte deiner aktuellen Persönlichkeit beibehalten, aber auch einige ändern. Je mehr du dir deiner Individualität bewusst wirst, desto mehr wirst du deine Talente entwickeln. Die Dinge werden dir plötzlich ganz klar erscheinen. Dein Wohnraum wird diese Klarheit widerspiegeln.

Gehörst du zu den Leuten, bei denen gelegentlich eine große Aufräumaktion angesagt ist, die es aber zwischendurch mit dem Aufräumen nicht allzu ernst nehmen? Das deutet auf mangelndes Durchhaltevermögen in deiner Selbstdisziplin hin. Viele Menschen kennen solche Energieschübe, um sich wieder in die Hand zu bekommen. Sie arbeiten ein paar Tage an ihrer inneren Harmonie und leben dann eine Zeit lang in diesem Schwung. Die Dinge sind wieder stimmig und sie sind stolz auf sich. So surfen sie eine Weile auf dieser Welle, bis diese abflaut, sie sich selbst wieder aus den Augen verlieren und schließlich wieder entmutigt sind. Dann beginnt ein erneutes Großreinemachen. Es ist doch wesentlich einfacher, die innere Ordnung durch eine tägliche Praxis zu wahren. Wollen wir uns wirklich weiterentwickeln und lernen, uns und die anderen zu lieben, brauchen wir Disziplin. Denn ohne eine gewisse Disziplin gibt es auch keine wahre Liebe.

Natürlich besteht ein Unterschied zwischen Disziplin und Starrheit. Du findest zur Selbstdisziplin, wenn du erkannt hast, dass bestimmte Dinge dir guttun, und du beschließt, sie regelmäßig zu wiederholen. Du fühlst dich gut dabei, und es ist völlig menschlich, das zu mögen, was uns Freude bereitet. Nehmen wir folgendes Beispiel: Du weißt, dass du dich besser fühlst, wenn du dir morgens die Zähne putzt. Unterlässt du es, hast du das Gefühl, dass der ganze Tag falsch begonnen hat. Da du diesen Geschmack im Mund nicht magst, disziplinierst du dich dazu, dir die Zähne jeden Morgen zu putzen, weil das dadurch verursachte Wohlbefinden die dafür investierte Zeit deiner Ansicht nach wettmacht. Dasselbe gilt für zahlreiche andere alltägliche Aktivitäten. Warum machst du dir angenehme Beschäftigungen nicht einfach zur Gewohnheit?

Starrheit zeichnet sich hingegen durch unflexibles Handeln aus. Man zwingt sich dazu, Dinge zu tun, zu denen man keine Lust hat, weil man es einmal so beschlossen hat. Stell dir vor, jemand hat seine Freizeit schon weit vorausgeplant. Er hat beschlossen, was er an den einzelnen Abenden zu tun gedenkt, samstags kommt dann die Steuererklärung dran usw. Er hat sich vorgenommen, bestimmte Aufgaben zu einem bestimmten Zeitpunkt zu erledigen. Ist dann der Augenblick gekommen, so hält er sich daran, auch wenn er viel lieber etwas ganz anderes tun würde. Starre Menschen gestatten sich nicht, frühere Entscheidungen zu revidieren und zu hinterfragen: „Was würde es mich kosten, wenn ich es nicht jetzt tun würde? Könnte ich es vielleicht anders und trotzdem ohne negative Folgen anstellen?" Wir sollten uns jederzeit zugestehen, bestimmte Entscheidungen zu überdenken und gegebenenfalls zu revidieren.

Ich will an dieser Stelle abermals unterstreichen, dass **nichts in unserem Leben zufällig geschieht.** Jede Situation ist dazu da, dich selbst besser kennenzulernen. Die Entscheidung, ob du dich dieser Mittel bedienen willst oder nicht, liegt allein bei dir. Und all das kann geschehen, ohne deshalb jedes kleinste Detail unserer Existenz fanatisch und manisch hinterfragen zu müssen.

Wirfst du einen genaueren Blick auf die verschiedenen Aspekte deines Wohnbereichs, wirst du ausgezeichnete Aufschlüsse über dein Innenleben gewinnen können. In der Folge wirst du entscheiden können, die Dinge, die dir eigentlich nicht entsprechen, zu verändern.

Nichts hindert dich daran, so zu bleiben, wie du bist, wenn du dich wohl in deiner Haut fühlst. Wichtig ist vor allem, dass du dich so akzeptierst, wie du gerade bist, und dass du niemandem außer dir selbst dafür Rechenschaft schuldig bist. Möge dir dein Lebensstil Vergnügen und Freude bereiten!

Hier nun der Gedanke, den ich dir für die nächste Woche ans Herz legen möchte:

Ich öffne die Fenster meiner Seele
und nehme Gott in all seinem Glanz wahr.

10. KAPITEL

Du bist die Form deines Körpers

In diesem Kapitel wirst du lernen, dich mit der Bedeutung der Formen des menschlichen Körpers vertraut zu machen. Diese Formstudie der Lebewesen gehört in den Bereich der sogenannten **Morphologie**. Dieses Wort kommt von griechisch *morphê,* die Form, und *logos* die Wissenschaft. Sie stellt die Verbindung zwischen den körperlichen und psychischen Eigenschaften eines Menschen her.

Der Mensch hat schon seit jeher versucht, Übereinstimmungen zwischen Charakter und Körperformen zu beschreiben. Nach dem Mittelalter wurde dies durch die Schriften von De Lescaut (1540) und Coclès (1523) zu einer recht komplexen Wissenschaft. Das Interesse der Menschen an diesem Gebiet blieb bis heute erhalten.

Natürlich können Hinweise, die wir bei der Betrachtung der verschiedenen Körperteile eines Menschen erhalten, ihn nie mit hundertprozentiger Sicherheit definieren. Jedes Detail sollte im Rahmen des gesamten Körpers betrachtet werden. Aus der Analyse der verschiedenen Einzelaspekte sollte eine Synthese erstellt werden, die dann recht genaue Aufschlüsse über den Charakter einer Person zulässt. Allein eine lange Nase oder kleine Füße sind aber natürlich noch nicht genug, um sich in dieser Hinsicht festlegen zu können. Analysierst du andere gern aufgrund ihrer Körper- oder Gesichtsmerkmale, so solltest du unbedingt versuchen, deine Beobachtungen möglichst neutral zur Kenntnis zu nehmen. Betrachte alle Aspekte eines Individuums, und du wirst dir bald ein recht präzises Bild von seiner Persönlichkeit machen können.

Die Körperformen eines Menschen spiegeln sein Innenleben wider, können aber auch umgekehrt seinen Charakter beeinflussen. Glückliche Menschen strahlen dies schon in ihrem Gesicht aus, so wie auch die Traurigkeit einer Person an ihren „Kummerfalten" abzulesen ist. Nehmen wir an, eine solche traurige Person beschließt eines Morgens, alle Leuten, denen sie begegnet, anzulächeln. Langsam aber sicher wird sie dadurch ihre Lebensfreude wiedergewinnen, die wiederum auf ihrem Gesicht zum Ausdruck kommen wird. Oder stellen wir uns jemanden vor, der so gekrümmt geht, als ob er das Gewicht der ganzen Welt auf seinen Schultern trüge. Er beschließt, sich behandeln zu lassen, um seine Rückenmuskulatur zu stärken, um wieder aufrecht gehen zu können. Auch das wird sich in seinem Charakter zu erkennen geben, da er sich zugleich der psychischen Last entledigt, die ihn bisher be-, ja erdrückte. Ich bin jedoch überzeugt davon, dass die physiotherapeutische Arbeit wesentlich schneller zum Erfolg führt, wenn sie mit der entsprechenden Persönlichkeitsarbeit gepaart ist. Arbeitet man ausschließlich am Rücken, so wird es Jahre dauern, die Wirbelsäule wieder gerade zu bekommen. Wird dieser Prozess von einem psychischen und spirituellen Bewusstwerdungsprozess begleitet, so dass die betroffene Person das Leben nicht mehr so schwer nimmt und ihre Lebenseinstellung von Grund auf ändert, so wird der Heilungsprozess wesentlich schneller vor sich gehen. Schon die alten Römer wussten das: Ein gesunder Geist in einem gesunden Körper!

Die Form unseres Körpers wurde bestimmt ab dem Zeitpunkt unserer Zeugung, während der Schwangerschaft und im Wesentlichen bis zum sechsten Lebensjahr. Während dieser Lebensphase treffen wir die meisten Entscheidungen, die schließlich unser ganzes Leben bestimmen. In dieser Zeit speichern wir unzählige Informationen in unserem Inneren, welche die Bildung verschiedener Körperzonen beeinflussen. Unser Körper erinnert sich an alles, was uns gefallen, missfallen, schockiert oder verletzt hat. Besonders letztere Informationen stören seine natürliche Entwicklung. Während unser Bewusstsein versucht, all diese Seelenwunden möglichst schnell zu vergessen oder zu verdrängen, ist dies dem Körper nicht möglich, weshalb sie schließlich zu physischen Blockaden führen. Gelingt es uns, uns dieser schmerzhaften Blockaden bewusst zu werden, so wandelt sich schrittweise auch unser Körper. Ein harmonischer und gleichmäßiger Körper deutet auf ein gewisses Gleichgewicht hin.

Ein sehr **kleiner Körper** lässt darauf schließen, dass das Wachstum in einem gewissen Alter gebremst wurde. Eine solche unbewusste Entscheidung kann durch eine Beobachtung des gleichgeschlechtlichen Elternteils verursacht worden sein. Nehmen wir das Beispiel einer Frau, die als Kind sah, wie sehr ihre Mutter unter den damaligen Lebensverhältnissen litt. Man zwang sie fast dazu, vor der Zeit erwachsen zu werden, um der Mutter zur Seite stehen zu können. Man mutete diesem Mädchen schon früh große Verantwortung zu, so dass es eines Tages beschloss, eigentlich lieber nicht erwachsen werden zu wollen, da diese Lebensphase zwangsläufig schmerzhaft sein müsse. Um länger Kind bleiben zu können, bremste es also sein Wachstum. Bei

Männern handelt es sich demnach eher um Schlüsse, die der Junge aus dem Leben seines Vaters zog. Vielleicht aber erlebte er jenen als derart beeindruckend, mächtig oder weise, dass er ihn auf ein Podest erhob, das zu erreichen ihm seiner Ansicht nach nie möglich sein würde. Um diese Ansicht zu bestätigen, hörte er eines Tages auf zu wachsen.

So kleine Menschen machen den Eindruck, eine sehr große Last tragen zu müssen. Diese Last erdrückt sie und beeinträchtigt ihr Wachstum. Sie fühlen sich meist verantwortlich für alles, was in ihrem Umfeld geschieht. Sehr häufig haben sie eine starke Aversion gegen unterwürfige Menschen, die sie vielleicht an einen Elternteil erinnern. Obwohl sie diesen ebenso wie ähnlich unterwürfige Menschen heftig kritisieren und sich fest vorgenommen haben, nie so werden zu wollen, sind sie dennoch in genau dieselben Bahnen geraten.

Große Menschen fühlten sich meist auch als Kinder schon groß und beschlossen, so wie ihr Vater oder ihre Mutter werden zu wollen oder sie zu übertreffen. Dem liegt oft ein wirkliches, bewusstes oder unterbewusstes Bedürfnis individueller Entwicklung zugrunde. In dieser Hinsicht ist es sicher interessant zu beobachten, dass die Menschen in den letzten Generationen immer größer werden.

Menschen, die an **Fettleibigkeit** leiden, haben in der Regel ein großes Bedürfnis nach Schutz. Sie umgeben sich mit einer Fettschicht, um gegen Angriffe, Kritik oder aber auch Missbrauch gewappnet zu sein bzw. um keine sexuelle Anziehungskraft auf das andere Geschlecht auszuüben. Sie weisen sich selbst ebenso zurück wie ihre Weiblichkeit bzw. Männlichkeit. Wir können oft beobachten, dass Menschen zunehmen, die sich unsicher fühlen, weil sie in einer Krise stecken. Ist diese Periode überwunden, schwindet auch das Übergewicht.

Auch possessive Menschen, die alles für sich behalten wollen und große Erwartungen hegen, neigen zu Fettleibigkeit. Dasselbe gilt für Personen, die nach getroffenen Entscheidungen nicht wagen, sie in die Tat umzusetzen. Sie blockieren den natürlichen Energiefluss und werden dicker.

In den Dreißigerjahren unterteilte der amerikanische Psychologe Sheldon die Menschen nach ihrer Körperform in drei Klassen: ENDOMORPHE, MESOMORPHE UND EKTOMORPHE Typen.

Der **Endo-Typ** ist pummelig und hat einen relativ großen Oberkörper. Seine Arme und Beine hingegen sind nicht besonders dick. Er hat ein rundliches, weiches Gesicht und einen kurzen Hals. Seine Schultern sitzen hoch und sind nicht sehr markant. Brust und Bauch sind dicklich. Seine Haut ist weich und sein Knochenbau relativ schwach. Dieser Typ ist ziemlich emotional. Seine typischen Charakterzüge werden in der folgenden Tabelle aufgelistet.

Der **Meso-Typ** ist stark und muskulös. Er wirkt kantig und eher hart. Er ist eher gedrungen, hat ein großes, scharf geschnittenes Gesicht, feste, große Lippen und einen langen, starken Hals. Sein Brustkorb ist wesentlich stärker ausgebildet als sein Bauch. Seine Schultern liegen relativ tief. Er verfügt über breite Hüften, muskulöse Beine und Arme, eine dicke Haut und starke Knochen.

Der **Ekto-Typ** ist groß, schlank und fein. Sein Gesicht ist schmal und dreieckig mit spitzem Kinn, schmalen Lippen und langem, schmalem Hals. Seine Schultern fallen etwas nach vorn, sein Bauch ist flach, seine Arme und Beine sind schlank. Seine Haut ist fein und trocken. Er ist eher ein geistiger Typ.

Alle drei Typen werden genauer in der Tabelle auf den Seiten 254 und 255 erläutert. Nur wenige Menschen sind wirklich reine Typen. Meist mischen sich zwei oder sogar alle drei Typen, wobei jedoch immer einer davon dominiert.

Sind bestimmte Körperteile unverhältnismäßig groß oder dick, so deutet dies auf blockierte Energien hin.

Menschen mit **großen Füßen** versuchen, verstärkten Kontakt zur Erde herzustellen, um mehr Energie zu bekommen. Als Kinder fühlten sie sich sicher bei ihrer Mutter. Heute beziehen sie diese Energie über ihre Fußsohlen von Mutter Erde. **Kleine Füße** deuten auf das genaue Gegenteil hin. Solche Personen suchen ihre Zuflucht in Himmel und Kosmos, die für den Vater stehen.

Verkrampfte **Zehen,** die sich gleichsam am Boden festklammern, lassen auf Besorgnis schließen. Zehen, die den Boden jedoch kaum berühren, so dass viel Gewicht auf der Ferse ruht, stehen für einen Mangel an Entscheidungskraft. Stell dir jemanden in dieser Haltung bildlich vor. Der geringste Stoß lässt ihn nach hinten kippen. Im Idealfall sind die Füße leicht gespreizt, so dass ihr Abstand in etwa dem der Schultern entspricht. Je enger sie zusammenstehen, desto mehr zeugt dies von Schüchternheit, Diskretion und der Schwierigkeit, seinen Platz zu behaupten. Leute, die ihre Beine hingegen stark spreizen, leiden meist unter derselben Problematik, obwohl sie nach außen hin Selbstsicherheit vorgeben. Diese scheinbare Stärke verbirgt lediglich große Zerbrechlichkeit.

Menschen, die meinen, alles selbst erledigen zu müssen, um sich eine gewisse materielle Sicherheit zu gewährleisten, haben oft **dicke Beine**. Schon als Kinder fühlten sie sich auf sich allein gestellt und versuchten sich mittels ihrer starken Beine abzusichern. **Dünne Beine** hingegen deuten auf das Gegenteil hin. Solche Personen zählen mehr auf ihre spirituelle Energie und haben es in der Regel lieber, wenn andere sich um die materiellen Aspekte ihres Lebens kümmern. Hierbei handelt es sich um einen ebenso geheimen wie tiefen Wunsch.

Dicke Oberschenkel deuten auf Verbitterung hin. Solche Personen konnten bestimmte Situationen ihrer Kindheit nicht akzeptieren, in denen sie sich ungerecht behandelt fühlten. Sie tragen diese Last auch heute noch in ihren Oberschenkeln mit sich herum. In den meisten Fällen ist all das natürlich unbewusst.

Menschen, deren **Oberschenkel eng aneinanderliegen** und deren Beine sich erst ab den Knien öffnen, sind eher zurückhaltend und schüchtern. Unbewusst blockieren sie auf diese Weise ihre Sexualenergie. Die Energie bleibt im Beckenbereich stecken und fließt nicht frei in die Unterschenkel, weshalb jene auch wesentlich dünner sind. Diese Blockade behindert auch rasche Bewegungen. Solchen Menschen fällt es schwer, in ihrem Körper zu leben, und sie haben nicht genügend Bodenkontakt. Sie haben den Eindruck, viele ihrer Handlungen seien fruchtlos, und sind überzeugt davon, alles sei schon von Anfang an zum Scheitern verurteilt. Aus diesem Grund neigen sie auch schnell zu Depressionen.

Sehr gerade **Knie** sind ein Zeichen für eine starre Lebenshaltung. Leicht abgewinkelte Knie hingegen lassen auf

Freiheit und Festigkeit in allen Situationen schließen. Sehr flexible Knie deuten auf eine Tendenz zur Unterwürfigkeit hin. Wir knien nieder, um zu beten, etwas zu erflehen oder jemanden um Vergebung zu bitten.

Werfen wir nun einen Blick auf die verschiedenen **Gangarten:** Es ist äußerst interessant, den Leuten beim Gehen zuzusehen. Dennoch sollte man dabei keine vorschnellen Urteile über den Charakter eines Menschen fällen, wenn wir auch wertvolle Indizien dafür bekommen.

Personen, die mit Kopf und Oberkörper vorausgehen, stürzen sich in Situationen ... und überlegen erst nachher. Sie treffen schnelle und manchmal eben auch vorschnelle Entscheidungen.

Leute, denen die Füße vorauszugehen scheinen, neigen hingegen zur Überlegung und gehen in der Regel sehr vorsichtig in allen Belangen des Lebens vor. Manchmal entgehen ihnen wegen dieses Zauderns aber auch Gelegenheiten, die schnell am Schopf gepackt werden wollen.

Menschen, die ruhig und gemessen mit gleichmäßigem Schritt gehen, sind ausgeglichen, beständig und entschlossen.

Diejenigen, die langsam mit gespreizten Beinen und dem Bauch voraus einherschreiten, fühlen sich sehr wichtig. Sie sind Effekthascher, wofür sie auch diverse Hilfsmittel wie z.B. eine Zigarre nicht scheuen.

Langsam und träge daherkommende Typen sind oft gelangweilt, überdrüssig oder unentschlossen. Sie tendieren zu Faulheit oder Mutlosigkeit. Ein lebendiger und reger Gang lässt hingegen auf Enthusiasmus und Lebensfreude schließen.

Auch ein selbstsicherer Schritt ist leicht als solcher erkenntlich, kann aber auch reiner Bluff sein. Schüchterne, gehemmte und furchtsame Personen mit mangelndem Selbstvertrauen haben einen etwas zögernden und unregelmäßigen Gang, so als ob sie am liebsten unsichtbar wären.

Andere wiederum bleiben des Öfteren stehen und gehen dann ebenso unvermittelt wieder weiter. Sie sind meist recht genau, oft sogar pingelig. Sie wollen den anderen auf keinen Fall missfallen und keine allzu großen Risiken eingehen. Große Schritte indessen sind ein Zeichen von Ehrgeiz und Draufgängertum, welches oft keine Widerrede duldet.

Menschen, die mit kleinen Schritten über den Boden zu gleiten scheinen, verfügen über eine Wendigkeit, die auch die Grundlage von Intrigen oder Hinterlist sein kann. Sie fallen wie Katzen auch in den gefährlichsten Situationen immer auf die Füße.

Nach innen zeigende Füße deuten auf Vorsicht und übermäßiges Überlegen hin. Leute, deren Füße beim Gehen nach außen weisen, sind zufrieden mit sich selbst. Sie sind jedoch unklug in Geschäften und lassen sich leicht betrügen.

Ein schwingender, gleitender Gang, der allen Hindernissen aus dem Weg zu gehen scheint, kann ein Zeichen für Schüchternheit, aber auch genauso für Waghalsigkeit sein.

Sprechen wir von kleinen oder grossen Körperteilen, so ist dies immer im Verhältnis zum restlichen Körper zu verstehen.

Männer und Frauen mit besonders **kleinem Gesäß** haben Angst, die Kontrolle zu verlieren, weshalb sie ihr Hinterteil verkrampfen. Oft fürchten sie auch, andere könnten Macht über sie gewinnen. Dies ist besonders bei homosexuellen Männern zu beobachten. Bei Frauen kann dies auch einfach etwas mit Gefallsucht zu tun haben. In all diesen Fällen wird die Energie jedoch im Oberkörper, vor allem im Brustraum blockiert, weshalb es den Betreffenden auch schwerfällt, in der Sexualität ganz loszulassen. Leute mit **großem Gesäß** hingegen versuchen oft mittels Sex oder materieller Güter, Macht über andere zu gewinnen.

Männer mit **großem Penis** wollen sich häufig durch sexuelle Heldentaten Geltung verschaffen. Sie konzentrieren viel Energie in diesem Bereich, weil sie meinen, dadurch männlicher zu sein. Daher spielt der Körper eine sehr große Rolle in ihrem Leben. Männer mit **kleinem Penis** haben die Sexualität als Jungen oft mit Sünde gleichgestellt. Sie fühlten sich schuldig für ihr sexuelles Verlangen, wenn sie masturbierten. Besonders kleine oder große Penisse deuten außerdem auf einen starken Ödipuskomplex hin.

Männer, die sich für das Glück der anderen verantwortlich fühlen, bemühen sich mehr um das Vergnügen ihrer Partnerin als um ihr eigenes. Für sie steht der eigene Penis nicht im Zentrum der Aufmerksamkeit. Männer indessen, die nach starken Empfindungen und persönlicher Befriedigung suchen, konzentrieren sich wesentlich mehr auf diese Körperzone.

Die Sexualität ist nicht nur ein Mittel zur Fortpflanzung, sondern auch zur Kommunikation. Für einen Mann mit großem Penis ist dieser Kommunikationsweg besonders wichtig. Viele seiner Kontakte mit dem anderen Geschlecht laufen über die Sexualität. Dasselbe gilt für die Frau: Vagina und Schamlippen entsprechen der Bedeutung des Mundes im Gesicht. Je größer dieser Mund ist, desto liebevoller und kommunikativer ist die Frau. Demnach lassen eine **kleine** bzw. **große Vagina** auf schwierige oder aber leichte sexuelle Kommunikation schließen.

Ein **breites Becken** und ein **dicker Bauch** gehen auf blockierte Energie in diesem Bereich zurück. Sie gelangt weder frei in den Kopf noch in die Beine. Dafür sind vor allem Ängste, Unsicherheit, Macht und Stolz verantwortlich. Um diese Energien wieder freizusetzen, bedarf es eines größeren Vertrauens ins Leben, das sich um jeden kümmert. Wir müssen lernen, uns selbst und unsere Umwelt zu lieben.

Menschen mit einer **großen Brust** scheinen wie aufgeblasen. Tatsächlich halten sie immer etwas Luft zurück, als fürchteten sie, sie könne ihnen ausgehen. Dies ist ein Zeichen für Angst vor Mangel oder aber den Wunsch, alles kontrollieren, überprüfen und beachten zu wollen. Auch hier fehlt es an Vertrauen. Solche Menschen bringen nicht ihr eigentliches Wesen, sondern nur ihre Leistungen zur Geltung. Dafür brauchen sie auch die Anerkennung der anderen.

Leute mit **schmaler Brust** atmen nie vollkommen ein, so als ob sie das Leben nicht voll in sich aufnehmen könnten und fürchteten, es in vollen Zügen zu genießen. In unserer westlichen Welt haben wir nie gelernt, gut durchzuatmen. Unsere Emotionen blockieren die Luft oft auf der Ebene des Solarplexus, so dass das Leben nie frei in uns zirkulieren kann. In Asien nimmt die Atmung einen sehr großen Stellenwert ein. Dort lernt man schon in frühester Kindheit richtig zu atmen. Man lernt Yoga und dabei auch, wie man Energie durch die Atemluft gewinnt. So wird auch Buddha in Meditationshaltung mit verschränkten Beinen, offenen Armen und gerundetem Bauch dargestellt. Dabei strahlt er große Lebensfreude aus. Jesus, als Stifter der größten westlichen Religion, wird hingegen meist leidend am Kreuz hängend abgebildet. Auch seine Arme sind geöffnet, doch

117

sind seine Hände festgenagelt und seine Beine zusammengepresst und gekreuzt. Sind wir so zum Leiden konditioniert worden? Fällt es uns deshalb so schwer, die schönen Dinge des Lebens zu akzeptieren? Wir haben immer den Eindruck, leiden zu müssen, um zum Glück zu gelangen. Diese Einstellung ist die Ursache zahlreicher Krankheiten und Gesundheitsprobleme.

Die weibliche Brust steht für die Mutterschaft. Frauen (aber auch Männer) mit **großem Busen** haben schon früh damit begonnen, andere zu bemuttern, und meinen, die Mutterrolle bei all ihren Mitmenschen übernehmen zu müssen, um geliebt zu werden. Auch wenn sie im Laufe der Zeit sicherlich sehr geschickt in dieser Rolle werden, so ist und war sie vielleicht nicht immer ihre Lieblingsrolle. Oft würden sie lieber etwas völlig anderes machen, fühlen sich jedoch zur Bemutterung verpflichtet. Sie möchten, dass dieser Aspekt ihrer Persönlichkeit bewundert und von Partner und Kindern anerkannt wird. Oft bemuttern sie sogar ihre eigene Mutter.

Frauen mit besonders **kleinem Busen** zweifeln dagegen an ihren mütterlichen Fähigkeiten. Das heißt jedoch nicht, dass sie nicht imstande sind, Mütter zu werden. Auch dann halten sie sich aber oft noch für schlechte Mütter und versuchen, sich ständig das Gegenteil zu beweisen.

Ein frühzeitig erschlaffter **Hängebusen** deutet auf einen trägen Charakter hin, der zwar viel redet, aber im Grunde genommen nicht viel tut. Diese Haltung können wir z.B. bei Müttern beobachten, die Kindern häufig drohen, sie jedoch nie wirklich bestrafen. Dazu fühlen sie sich dann nicht stark genug.

Breite Schultern scheinen andere dazu einzuladen: „Nur her damit! Ich packe es schon!" **Hängende Schultern** finden wir bei Menschen, die das Gefühl haben, die ganze Welt unterstützen zu müssen. Sie meinen nicht nur, unzählige Probleme für sich selbst lösen zu müssen, sondern fühlen sich auch für das Wohlergehen ihrer Mitmenschen verantwortlich. Sie sollten baldmöglichst überprüfen, welche ihrer Lasten gar nicht die ihren sind.

Nach oben zusammengezogene Schultern sind ein Zeichen ständiger Anspannung. Solche Menschen haben das Gefühl, es könnte jederzeit ein Unglück über sie hereinbrechen. Sie konzentrieren all ihre Kraft auf ihre Schultern, um die Lasten, die sie sich auferlegen, tragen zu können. Auch sie meinen, für das Glück anderer, vor allem ängstlicher Personen, verantwortlich zu sein.

Der **Hals** ist das Bindeglied zwischen Körper und Geist. An dieser Stelle kann man den Zustand verschiedener Vitalkräfte erkennen, da Blut, Atmung, Nahrung und Nerven durch ihn laufen. Der Hals ist damit ein sehr wichtiger Körperteil.

Ein **starrer und gerader Hals** ist Ausdruck großen Erfolgswillens, gepaart mit einer Achtung der Regeln und kontrollierten Gefühlen. Solche Menschen wollen von anderen als verantwortungsbewusst anerkannt werden. All das entspricht dem Bild des fähigen, mutigen und starken Vaters.

Ein **langer, muskulöser Hals** deutet auf große Energiereserven, aber auch auf den Willen hin, andere auf materieller, körperlicher und sexueller Ebene zufriedenzustellen.

Auch ein **kurzer, starker Hals** entspricht dieser starken Vitalkraft, die hier jedoch wesentlich schneller und spontaner zum Ausdruck kommt. Diese Unmittelbarkeit im Umgang mit ihren Mitmenschen fehlt oft Leuten mit **langem, dünnen Hals,** die einen eher kühlen, reservierten oder nervösen Eindruck vermitteln.

Ein auf der Ebene des siebten Halswirbels **nach vorne gebogener Hals** geht häufig auf schwierige Kindheitserfahrungen zurück.

Die **Arme** stehen für die Fähigkeit, neue Lebenserfahrungen umarmen zu können. In den **Ellbogen** und **Handgelenken** speichern wir alte Emotionen, von denen wir uns nicht trennen wollen. Sie beeinträchtigen jedoch unsere Flexibilität, die wir benötigen würden, um mit neuen Situationen fertig zu werden. Außerdem brauchen wir sie, um andere zu umarmen. **Lange Arme** deuten auf eine große Fähigkeit, neue Ereignisse und Menschen akzeptieren zu können, während **kurze Arme** ein Zeichen von Reserviertheit und Schwierigkeiten mit Umstellungen bedeuten.

Ein **breiter Unterkiefer** lässt auf Stärke und körperliche Widerstandskraft schließen. Solche Menschen verfügen über größere Energiereserven, ermüden nicht so schnell und sind in allen Belangen ausdauernder. Sie sind sehr praktisch veranlagt und haben keine Probleme, Ideen zu verwirklichen. Menschen mit **schmalem Unterkiefer** hingegen haben schwach ausgeprägte Instinkte, sind ängstlich oder nervös und tun sich oft schwer, Dinge in die Tat umzusetzen. Manchmal fehlt ihnen auch der Sinn fürs Praktische.

Runde Unterkiefer sind ein Zeichen von Weiblichkeit und Zartheit, manchmal aber auch für Entscheidungsschwäche und Probleme bei der Durchführung von Projekten. **Kantige Unterkiefer** symbolisieren Männlichkeit, Stärke, Entscheidungskraft und Unternehmungslust.

Während der Unterkiefer für die instinktive innere Kraft steht, enthüllt das Kinn Absicht und Richtung.

Ein **hohes Kinn** lässt auf langsame Reaktionen und großes materielles Interesse schließen.

Menschen mit einem **kurzen Kinn** neigen zu unvermittelten Energieausbrüchen und dazu, Dinge nicht allzu sehr zu überdenken.

Ein **breites Kinn** kann als Zeichen von Energie, praktischer Begabung und positivem Geist verstanden werden. Wir finden es bei Menschen, die gerne konkrete Dinge verwirklichen. Ein **schmales Kinn** zeigt schwächere Vitalität und größere Nervosität.

Ein **rundes Kinn** deutet auf Liebenswürdigkeit, Gutmütigkeit, Selbstvertrauen, Stabilität und Geselligkeit hin.

Ein **vorstehendes Kinn** zeigt Entschlossenheit, Willenskraft, Autonomie und Durchsetzungsvermögen. Manchmal führt das sogar zu Arroganz und rücksichtslosen Entscheidungen.

Ein **fliehendes Kinn** findet sich häufig bei Menschen mit kurzem Unterkiefer. Sie tendieren zu Schwäche und Abhängigkeit, sind leicht zu beeindrucken und verletzlich.

Ein **Doppelkinn** ist Zeichen für die große Bedeutung des materiellen Lebens und der fleischlichen Genüsse. Ein **spitzes Kinn** wird mit Nervosität und Instabilität in Zusammenhang gebracht.

Menschen mit einer **Kinnfalte** verfügen über einen jugendlichen Geist und sind freundlich. Sie wären gern Kinder geblieben und suchen nach einfachem Vergnügen. Das lässt sie manchmal auch etwas wankelmütig werden.

Gehen wir nun zu **Mund** und **Lippen,** die sehr viel über den Charakter eines Menschen aussagen. Aus dem Mund lesen wir Wünsche, Gelüste, Enttäuschungen und Zurück-weisung. Hier kommt unser ganzes Liebes- und Sinnesleben zum Ausdruck. Wieder sind die Angaben im Verhältnis zum ganzen Gesicht zu verstehen.

Es heißt, ein **großer Mund** sei hungriger als ein kleiner. Er ist jedenfalls mitteilsam und extrovertiert. Will man gro-ßen materiellen, affektiven, intellektuellen oder sexuellen Appetit stillen, braucht man einen großen Mund.

Ein **kleiner Mund** lässt daher auf eine gewisse Zu-rückhaltung bei äußerer „Nahrung", Introvertiertheit und Selbstgenügsamkeit schließen. Solche Personen können sehr schüchtern sein und haben das Bedürfnis, Informationen zu filtern, bevor sie diese integrieren.

Ein **eingefallener Mund** deutet auf mangelnde Gesel-ligkeit und Zurückgezogenheit hin und ist daher meist bei älteren Leuten der Fall.

Ein **vorstehender Mund** kennzeichnet kindische Men-schen, oft auch eine gewisse Abhängigkeit von der Mutter, vom äußeren Umfeld, von stofflicher, aber auch intellektueller Nahrung. Sie sind leicht zu beeinflussen und willensschwach.

Ein **schmaler und geradliniger Mund** zeugt von Akti-vität, Objektivität und Entschlossenheit, während ein **ge-schwungener, ausgeprägterer Mund** auf einen feminineren, sensibleren und beeinflussbareren Charakter schließen lässt.

Zusammengekniffene Lippen sind dem Gegenüber we-niger sympathisch als **fleischige Lippen,** die ein Zeichen für Unmäßigkeit und Sinnlichkeit sind.

Ein **weicher, leicht geöffneter Mund,** bei der sich die Unterlippe nie ganz zu schließen scheint, steht für einen Mangel an Willenskraft.

Stets **nach oben gerichtete Mundwinkel** sind ein Zeichen von Optimismus, Lebensfreude und Temperament. **Nach unten gerichtete Mundwinkel** sind vor allem Menschen zu eigen, die sich immer Sorgen um Probleme machen.

Besteht ein großer **Abstand zwischen Mund und Nase,** so ist die körperliche Energie größer als die geistige Kraft. Ist er hingegen gering, so überwiegt der Intellekt.

Gehen wir nun zur **Nase.** Um festzustellen, ob diese verhältnismäßig kurz oder lang ist, legen wir die folgende Einschätzung an: In einem ausgewogenen Gesicht liegen Nasenwurzel, Ohren und Augen etwa auf derselben Höhe.

Eine **lange Nase** ist ein Zeichen von Überlegungsgabe und ziert das Gesicht von Personen, die sich Zeit nehmen, ihre Handlungen überdenken und bei zukunftsbezogenen Entscheidungen die Erfahrungen aus der Vergangenheit mit einbeziehen. Menschen mit **kurzer Nase** neigen eher zu Spontaneität, Unmittelbarkeit und schnellen Reaktionen.

Leute, die all ihre Energiereserven einzusetzen wissen, haben oft eine **große Nase** mit einer starken Wurzel. Solche Nasen sieht man oft bei Politikern und Direktoren. **Kleine Nasen** mit einer schmalen Wurzel und engen Nasenlöchern entsprechen hingegen zurückhaltenden Personen, die lieber mit ihren Kräften haushalten und denen es manchmal auch an Selbstvertrauen fehlt, wenn sich ihnen Hindernisse in den Weg stellen.

Ein **breiter, gerader Nasenrücken** ist ein Zeichen von Selbstdisziplin und gutem Energiehaushalt.

Eroberer und Organisationstalente haben oft **Hakennasen,** während sogenannte **Himmelfahrtsnasen** gepaart mit einer gewölbten Stirn Zeichen von Gutgläubigkeit sind.

An der Nasenwurzel treffen Geisteskraft und Umsetzungsgabe aufeinander. Deshalb zeugt eine **breite und tiefe Nasenwurzel** von intellektueller Stärke, die auch schwierige Projekte rasch durchzuführen weiß. Eine **schmale, tiefe Nasenwurzel** bedeutet einen Bruch zwischen dem geistigen und praktischen Denken.

Eine **große Nasenwurzel** lässt auf ein starkes Bedürfnis nach Geselligkeit schließen. Je breiter sie ist, desto größer ist die Abhängigkeit von der Außenwelt.

Menschen mit einer **spitzen Nase** suchen den Kontakt mit ihrer Umwelt eher intuitiv. Sie gehen feinsinnig und vorsichtig auf andere Menschen ein und weniger spontan und warmherzig auf andere zu. Diejenigen mit einer **großen, pummeligen Nase** sind hier wesentlich geselliger und unmittelbarer und haben einen deutlich stofflicheren und sinnlichen Kontakt mit ihren Mitmenschen. Eine **fleischige, dicke Nasenspitze** deutet auf eine warmherzige und menschliche Person hin. Eine **kleine, gedrängte Nase** zeugt von Zurückhaltung und Schüchternheit.

Eine nach unten **hängende Nase,** die manchmal sogar bis zur Oberlippe reichen kann, zeugt von Verstellung und dem Bedürfnis nach materiellen Gütern. Je stärker dieses Merkmal ausgeprägt ist, desto mehr weiß der betreffende Mensch seine Interessen in Verhandlungen zu wahren.

Ich möchte an dieser Stelle erneut wiederholen, dass wir keine Schlüsse bezüglich eines Charakters aufgrund seiner Nase oder irgendeines anderen isoliert betrachteten Körperteils ziehen sollten. Das menschliche Wesen ist höchst komplex und muss unbedingt als ganzes betrachtet werden.

Es heißt, dass Menschen mit **Pausbacken** anpassungsfähiger sind als andere. Sie verfügen über gute Energiereserven, stehen der Außenwelt offen gegenüber und sind demnach auch recht gesellig. **Schmale Wangen** sind hingegen ein Zeichen für mangelnde Vitalität und einen beschränkten Bewusstseinshorizont.

Flache Wangen zeugen von Handlungsfähigkeit, zugleich aber auch von einer gewissen Gleichgültigkeit gegenüber anderen. Solche Menschen ergreifen oft recht waghalsige Initiativen, wobei ihnen zu guter Letzt jedoch die Energiereserven fehlen, sie zu Ende zu bringen.

Typen mit **Hohlwangen** sind recht aufgeweckt und flink. Sie scheuen nicht vor Verantwortung zurück und stehen tapfer zu ihren Taten. Sie reagieren schnell, haben aber einen geringen Aktionsradius. Sie sind nervös und verfügen über keine sehr große Vitalität.

Markante Backenknochen gehen Hand in Hand mit Kampfgeist und Männlichkeit, manchmal sogar mit Egoismus und Grausamkeit. **Eingefallene Backenknochen** sind ein Zeichen von Verinnerlichung, Rückzug in sich selbst und Einsamkeit, manchmal auch schnelle Frustration.

Das **Ohr** unterteilen wir in drei Zonen. Nach den klassischen Kriterien hat ein ausgewogenes Ohr folgende Proportionen: Der Rand mit dem sogenannten **Vorhof** macht $5/12$ des ganzen Ohrs aus. Die innere **Ohrmuschel**, die um die Öffnung des Gehörgangs liegt, entspricht $4/12$ des Ohrs. Das **Ohrläppchen** nimmt schließlich die restlichen $3/12$ ein. Während die Ohrmuschel für unser Verhältnis mit der Gesellschaft steht, symbolisiert das Ohrläppchen unsere konkreten Tätigkeiten im Alltag.

Ein besonders **großer Vorhof** steht in Zusammenhang mit dem Denken und großen intellektuellen Fähigkeiten.

Überwiegt die **Ohrmuschel,** so deutet dies auf verstärkten Gesellschaftskontakt und gutes Zuhören hin. Eine extrem kleine Ohrmuschel ist daher auch ein Zeichen für Verschlossenheit und Kontaktschwierigkeiten.

Besonders **große Ohrläppchen** sind ein Zeichen praktischer Begabung, die sich vor allem an der materiellen Seite der Dinge orientiert. Sie sind typisch für Menschen, die hart arbeiten und gern gut essen und trinken, um ihre Anstrengungen bewältigen zu können. Ohrläppchen können die verschiedensten Formen annehmen, von denen die häufigsten hier beschrieben werden sollen:

Lange, weiche und frei hängende Ohrläppchen lassen auf ausgezeichnete sensorische Fähigkeiten schließen, die ruhig und ausgeglichen zum Ausdruck kommen.

Angewachsene Ohrläppchen zeugen von Kampfgeist sowie Nervosität, die sich durchzusetzen sucht.

Auch **fast fehlende Ohrläppchen** weisen auf eine solche Nervosität hin, die hier jedoch gepaart ist mit einem Mangel an sensorischer Ausdruckskraft und psychischer Spannung, die auf den steten Versuch der Selbstkontrolle zurückgeht.

Ein sehr **dickes und fülliges Ohrläppchen** ist ein Zeichen von Sinnlichkeit und Selbstsicherheit.

Kleine und feine Ohrläppchen stehen für nervöse Sensibilität und mangelnde praktische Begabung. Bei sehr intellektuell ausgerichteten Menschen sind sie überdies gepaart mit einem großen Vorhof.

Sehr **kleine Ohren** sind Zeichen einer bescheidenen, unscheinbaren Persönlichkeit, der es oft an Urteilskraft fehlt und die sich selbst nicht gebührend zu schätzen weiß. **Große Ohren** deuten hingegen auf einen offenen Bewusstseinshorizont, große Aufnahme- und Anpassungsfähigkeit.

Als **schmale Ohren** bezeichnen wir Ohren, die doppelt so hoch wie breit sind. Menschen mit solchen Ohren erledigen ein Ding nach dem anderen und haben Schwierigkeiten, mehrere Aufgaben zugleich zu bewältigen. Manchmal neigen sie auch zu Intoleranz.

Sehr **hoch liegende Ohren** sind Ausdruck einer gewissen Leichtigkeit im Denken. **Tief liegende Ohren** zeugen von rationalem, überlegtem und anspruchsvollem Denken.

Stark **anliegende Ohren** entsprechen einem unterwürfigen Charakter. Solche Menschen sind abhängig von ihrer Umwelt, besonders bezüglich familiärer Regelungen oder Anforderungen. Oft sind sie leicht erregbar und verdrängen ihre Emotionen.

Abstehende Ohren deuten hingegen auf einen unabhängigen Geist, Selbständigkeit, aber auch Schwierigkeiten hin, sich festen Normen und Regeln zu unterwerfen. Daher akzeptieren solche Personen auch keine allzu strikte Disziplin. Das gilt vor allem bei besonders großen, abstehenden Ohren.

Bei den **Augen** können wir auf unser Verhältnis mit der Außenwelt schließen, wenn wir beobachten, wie tief sie liegen.

Leute mit besonders **tiefen Augenhöhlen** ziehen sich gern von der Welt zurück und verweilen lieber in ihrem eigenen Inneren. Es ist so, als würden sie die Fensterläden vor der Außenwelt verschließen. Sie konzentrieren sich auf ganz bestimmte Punkte, verlieren dabei aber oft das Ganze aus den Augen. Sie stellen recht hohe Ansprüche an sich selbst.

Sie haben Schuldgefühle, wenn ihre Handlungen nicht völlig ihren Wertmaßstäben und ihren Vorstellungen von Gut und Böse entsprechen. Das beruht weniger darauf, dass sie sich verantwortlich für ihre Mitmenschen fühlen, als dass sie sich Vorwürfe dafür machen, nicht etwas ganz Bestimmtes gesagt oder getan zu haben.

Besonders weltoffene Menschen haben indessen **kaum ausgeprägte Augenhöhlen**. Sie nehmen alles auf, was ihnen begegnet, und laufen dabei manchmal auch Gefahr sich zu verzetteln. Es fällt ihnen schwer, sich auf eine einzige Sache zu konzentrieren, da sie immer mehrere Aspekte zugleich wahrnehmen. Sie neigen dazu, sich für das Glück und Unglück anderer verantwortlich zu fühlen, und fühlen sich schuldig, sobald sie kritisiert werden.

Außen **nach oben zulaufende Augen** nach „japanischer Art" zeugen von Dynamik, Lebensfreude, Frohsinn, Sinnlichkeit und Extrovertiertheit. **Nach unten zulaufende Augen** finden sich hingegen häufig bei gefühlsbetonten, introvertierten, melancholischen Menschen, die zu Träumereien und Depressionen neigen.

Es gibt verschiedene Formen des **Schielens**. Schielt das linke Auge nach oben, handelt es sich um besonders starke Gefühlserregbarkeit. Schielt es besonders stark nach oben, handelt es sich um einen irrationalen Träumer. Schielt das rechte Augen nach oben, zeugt dies von intellektueller Erregbarkeit, welche oft die Gedanken schweifen lässt. Ein solches sehr starkes Schielen ist ein Zeichen von irrationaler und undisziplinierter Intelligenz.

Menschen, deren linkes Auge nach außen schielt, gelingt es nicht, ihre Intelligenz in bestimmten Situationen anzuwenden, die intellektuelle Anstrengung verlangen. Es ist, als ob sich ihr Verstand im Kreise dreht, was zu Depressionen führen kann. Ein rechtes Auge, das nach außen schielt, ist Zeichen großer Sensibilität, die Entscheidungen nur hinsichtlich von Gefühlen und keiner anderen Kriterien trifft, ohne anderen dabei Böses zu wollen.

Schielt das linke Auge nach innen, so können wir oft auf einen Minderwertigkeitskomplex schließen, der auf bestimmte Ängste zurückgeht. Personen, deren rechtes Auge nach innen schielt, sind in der Regel überempfindlich und nachtragend. All ihre Aufmerksamkeit und Intelligenz ist auf sie selbst gerichtet.

Auch der **Abstand zwischen den Augen** hat seine Bedeutung. Je **enger** die Augen zusammenstehen, desto enger ist auch das Blickfeld des betreffenden Menschen. Er konzentriert sich nur auf das, was er gerade tut, und bringt dafür all seine Aufmerksamkeit auf. In extremen Fällen kann es sich sogar um wirkliche geistige Beschränkung handeln.

Ein **großer Augenabstand** bietet ein breiteres Gesichtsfeld, auch im übertragenen Sinn. Die Wahrnehmungen sind reichhaltiger und detaillierter. Ist der Abstand jedoch besonders groß, ist das ein Zeichen von leichter Erregbarkeit.

Sich ständig bewegende Augen zeugen von Nervosität, während ein konzentrierter Blick mit Aufmerksamkeit gleichgesetzt wird, außer er wird starr, abwesend, gleichgültig oder gar beschränkt.

An den Augenbrauen erkennen wir, wie wir unsere Energien einsetzen. **Kurze Augenbrauen** deuten auf Spontaneität und Gegenwärtigkeit hin. **Lange Augenbrauen** sind ein

Zeichen von Überlegung, die so intensiv sein kann, dass sie das Handeln verlangsamt.

Buschige Augenbrauen zeigen, dass die Energie hier direkt, bestimmt, ohne Umschweife und Nuancen, ja manchmal sogar brutal zum Ausdruck kommt. **Feine, geradlinige Augenbrauen** zeugen von Feinheit und Sensibilität.

Menschen, die ihre Energie unharmonisch zum Ausdruck bringen, haben oft **zerzauste Augenbrauen**, sind unvorhersehbar und schwer zu verstehen. **Klar definierte Augenbrauen** sind ein Zeichen von Beständigkeit im Ausdruck unserer Energien.

Kaum voneinander getrennte Augenbrauen deuten oft auf blockierte Gefühle hin. Sie sind häufig bei possessiven und eifersüchtigen Menschen anzutreffen. **Klar voneinander getrennte Augenbrauen** lassen hingegen auf große Vorstellungskraft, ein breites Bewusstseinsspektrum und ein freies Gefühlsleben schließen.

Knapp über den Augen liegende Augenbrauen erhöhen die Beobachtungsgabe. In Extremfällen kann diese erhöhte Aufmerksamkeit auch zu Lasten intellektueller Kenntnisse gehen. **Weit über den Augen liegende Augenbrauen** zeugen hingegen eher von Träumerei und Zerstreutheit.

Gerade Augenbrauen sind ein Zeichen von Selbstbeherrschtheit, der Fähigkeit zur Selbstverwirklichung und Bestimmtheit. **Stark gebogene Augenbrauen** zeugen von Sanftheit, Weiblichkeit, schwächerer Konzentrationsfähigkeit, aber größerer Phantasie.

Je mehr sich die **Augenlider** schließen, desto größer ist die Tendenz zur Verinnerlichung und der Wunsch zur Flucht.

Die **Stirn** gilt als Sitz der intellektuellen Fähigkeiten. Das hat nichts mit größerer oder minderer Intelligenz, sondern vielmehr damit zu tun, wie sie zum Ausdruck kommt.

Eine **hohe Stirn** ist demnach kein Zeichen von größerer Intelligenz, sondern zeigt, dass die betreffende Person dem Denken einen größeren Stellenwert beimisst. Eine senkrechte bzw. **gerade Stirn** zeugt von konzentrierter Überlegung, größerer Stabilität und Vorsicht im Denken und Tun. Leute mit **besonders hoher und breiter Stirn** können mehr Informationen aufnehmen und speichern, um sie dann verarbeiten zu können.

Menschen **mit einer fliehenden Stirn** treffen schnelle, manchmal sogar waghalsige, riskante und draufgängerische Entscheidungen. Ist dieses Merkmal stark ausgeprägt, so wird die Risikolust extrem und führt zu völlig unüberlegten Handlungen.

Eine **runde, gleichmäßige und glatte Stirn** zeugt von großer Aufnahmefähigkeit, aber auch Träumerei und Irrationalität. Eine **runde, ungleichmäßige Stirn** findet sich besonders bei abstrakten, philosophischen Typen mit einem weiten Wahrnehmungshorizont, die zukunftsorientiert sind und sich für neue Projekte und Entdeckungen interessieren.

Engstirnige Menschen haben in Wirklichkeit oft eine eher **rechteckige Stirn,** die breiter als hoch ist. Sie brauchen klare Anweisungen. In einem präzisen Rahmen können sie sich als positiv, realistisch und sehr objektiv erweisen.

Einen guten Gesamteindruck vom Charakter einer Person bekommen wir, wenn wir all die zuvor erläuterten Informationen bezüglich der Form der diversen Sinnesorgane in Zusammenhang mit der Form des ganzen Kopfes betrachten.

Demnach lässt ein **großer Kopf mit großen Sinnesorganen** auf große Energiereserven schließen. Solche Menschen sind unermüdlich. Und wenn sie auch noch so viel Kraft einsetzen, sie scheint nie weniger zu werden.

Befinden sich in einem **großen Kopf nur kleine Sinnesorgane** (ein kleiner Mund, kleine Augen usw.), so ist die fragliche Person nicht in der Lage, all ihre Energie auch wirklich einzusetzen, was zu Spannungen führen kann.

Personen mit **großen Sinnesorganen in einem kleinen Kopf** geben mehr Energie aus, als sie eigentlich haben, und erschöpfen sich schnell.

Leute mit **kleinem Kopf und kleinen Sinnesorganen** haben zwar nicht sehr viel Energie, wissen jedoch mit ihr zu haushalten. Der Austausch mit ihrer Umwelt ist ausgewogen. Sie sparen ihre Kräfte, sind vorsichtig, ruhig und ausgeglichen.

Wir unterteilen das **Gesicht** in drei gleiche Teile.

Das **obere Drittel des Gesichts** zwischen Scheitel und Augen entspricht dem Denken.

Das **mittlere Drittel des Gesichts** steht für das Gefühlsleben und den Kontakt zur Außenwelt. In dieser Zone zwischen Augen und Mund zeigen sich die meisten Gefühle.

Das **untere Drittel des Gesichts** entspricht unseren Instinkten und Handlungen und reicht vom Mund bis zum Hals.

Ist bei jemandem einer dieser drei Bereiche bedeutend größer als die anderen beiden, so dominiert dieser Aspekt in seinem Leben. Ist also z.B. das obere Drittel besonders groß, so haben wir es mit einem Denker und einer Person zu tun, die Konzepte wesentlich besser erstellt als in die Tat umsetzt. Überwiegt das mittlere Drittel, so handelt es sich um einen Menschen, der sich sehr von anderen beeindrucken lässt und den direkten Kontakt zu seinen Nächsten braucht. Auch seine Entscheidungen unterliegen diesem menschlichen Faktor. Sein Leben wird von seiner Feinfühligkeit bestimmt. Personen, deren unteres Gesichtsdrittel besonders groß ist, fühlen sich wohl, wenn sie in Aktion sind, und mögen alles, was praktisch und konkret ist.

Zum Abschluss dieses Kapitels zur Morphologie möchte ich ein letztes mal darauf hinweisen, dass es von größter Bedeutung ist, alle Aspekte eines Körpers in Betracht zu ziehen, wenn du Aufschlüsse über den Charakter eines Menschen bekommen willst.

Mit der Zeit wirst du aus diesen Beobachtungen immer mehr Informationen über den menschlichen Charakter gewinnen können. Die obigen Informationen können dir eine große Hilfe sein, vor allem, wenn deine Arbeit dich mit vielen Menschen zusammenbringt. Schon nach wenigen Minuten wirst du wissen, wie du mit einem anderen umzugehen hast und welche Haltung du am besten einnimmst.

Fühle dich jedoch anderen nie überlegen, nur weil du über die Möglichkeit verfügst, Informationen aus den Krankheiten, Gesichtszügen oder Körpermerkmalen deiner Mitmenschen lesen zu können. Diesen Punkt möchte ich ganz besonders unterstreichen!

Wir sollten all unsere Kenntnisse zum Vorteil der Menschen und nicht dazu einsetzen, sie zu beeindrucken. Alle in diesem Buch übermittelten Erkenntnisse sollen deiner eigenen Entwicklung dienen, sollen dich in immer größeres Staunen über dieses Wunder der Schöpfung versetzen, welches die Menschheit darstellt.

Nun jedoch der Schlussgedanke, der dich während der nächsten Woche begleiten soll:

Mein Körper ist das Kleid,

welches meine Seele trägt,

um auf diesem Planeten

leben zu können.

Er ist demnach der

Ausdruck meiner Seele.

11. KAPITEL

Du bist deine Krankheiten und Gesundheitsprobleme

Tatsächlich schickt dir dein Körper Nachrichten durch all deine Gesundheitsprobleme. Er sagt dir, wenn du Dinge denkst, fühlst, sagst oder tust, die nicht gut für dich sind. Bald wirst du erkennen, dass all diese Botschaften dazu da sind, dich auf den Pfad der Liebe zu bringen. Denn jede Krankheit ist im Endeffekt ein Zeichen dafür, dass es dir an Liebe dir selbst, anderen oder dem Leben im Allgemeinen gegenüber mangelt.

Ich gehöre demnach zu jenen, die von einem psychosomatischen Ursprung aller Krankheiten ausgehen. Dieser Ansatz glaubt an die Interaktion zwischen Geist oder Seele (griechisch: *psyche*) und Körper (griechisch: *soma*). Sprach man früher von einer psychosomatischen Krankheit, so stieß man oft auf erheblichen Widerstand, weil dies mit eingebildeten Symptomen gleichgesetzt wurde. Inzwischen ist die Bevölkerung besser informiert und aufgeklärt. Psychosomatik ist keine Einbildung, sondern wirkliche Krankheit. Doch wissen wir heute auch, dass die Ursachen für solche Krankheiten in der Psyche liegen. Immer mehr Ärzte glauben heute an diese Theorie.

Vielleicht willst du mir entgegnen: „Aber das ist doch unmöglich! Es gibt doch auch rein physische Krankheiten." Ja, auf den ersten Blick sehen viele Krankheiten tatsächlich rein „körperlich" aus. Bei einer genaueren Untersuchung machen wir jedoch erstaunliche Entdeckungen.

Nehmen wir das Beispiel einer Frau, die gerade zwei Tafeln Schokolade verdrückt hat und nun unter **Verdauungsproblemen** leidet. Für sie handelt es sich um eine rein physische Angelegenheit. Sie hat einfach zu viel Schokolade gegessen. Wollen wir jedoch die wahren Hintergründe für ihre **Bauchschmerzen** erfahren, so sollten wir uns auch fragen, was sie im Vorfeld überhaupt dazu bewegt hat, so viel Schokolade zu verschlingen. Was ist in ihrem Leben geschehen? Was hat eine solche Leere in ihr erzeugt, dass sie das unwiderstehliche Bedürfnis hatte, sie mit Schokolade füllen zu müssen? Eine solche Leere geht oft auf Selbstablehnung zurück. Vielleicht akzeptierte diese Frau sich nicht in dem Augenblick, in dem sie die Schokolade aß. Sie wertete sich selbst ab und fühlte sich bedeutungslos. Sie hatte daher das große Bedürfnis, sich wohl zu fühlen und etwas Süßes zu gönnen. Für viele Menschen ist Schokolade eine Belohnung …

Ein anderes Beispiel: Stellen wir uns einen Mann vor, dem die **Beine** wehtun. Am Vortag ist er fünf Kilometer gelaufen. Ganz gleich, ob er das nun gewöhnt ist oder nicht, er hat sich damit überfordert. Auch hier scheint die Ursache rein physischer Natur zu sein. Doch gibt es sicher auch einen Grund dafür, dass er sich beim Laufen überanstrengte. Wovor lief er weg? Wem wollte er entkommen? Wohin wollte er fliehen?

Wir alle können uns nun des Signals bedienen, das uns unser Körper schickt, um uns unserer inneren Vorgänge bewusst zu werden. So können wir uns mit dem wahren Problem auseinandersetzen, anstatt in rein symptomatische Behandlungen zu flüchten, die immer nur vorgeben, alles käme von außen. Solange wir uns vormachen, unsere Krankheiten hätten nur rein physische Ursachen, werden sie ihre verheerenden Wirkungen anrichten. Dieser neue Ansatz gegenüber Krankheiten bringt ungeheuer interessante Aspekte mit sich. Er kann zu einer äußerst positiven Erfahrung werden, wenn wir uns seiner bedienen, um uns schneller weiterzuentwickeln, indem wir uns der unheilsamen Einstellungen bewusst werden, die sie eigentlich ausgelöst haben, und sie schließlich revidieren, weil wir ihren nachteiligen Einfluss auf unsere Gesundheit erkannt haben.

Du weißt bereits, dass der eigentliche Heiler in dir selbst steckt! Stell dir vor, du schneidest dir in den Finger. Dein erster Reflex ist wohl, ein Pflaster zu nehmen und die Wunde zu verbinden. Dann denkst du einige Zeit nur noch gelegentlich an sie und vergisst sie eigentlich ganz. Nach einigen Tagen ist die Wunde verheilt. Wer hat dich geheilt? Jedes Lebewesen verfügt über solche Selbstheilungskräfte, die von unschätzbarem Wert sind.

Es gibt Theorien, die besagen, dass bestimmte Faktoren wie Liebe, innerer Frieden oder Lebensfreude unser Immunsystem stärken und alle Selbstheilungsprozesse beschleunigen. Solche glücklichen Menschen seien sogar imstande, Krebszellen abzubauen, die im Laufe des Lebens bei jedem entstehen. Lassen wir Hass, Rachsucht, Verbitterung, Groll und ständige Kritik unser Wesen vereinnahmen, so schwächt das sowohl unser Immunsystem als auch unsere Selbstheilungskräfte. Alle Energien, die gegen die Liebe arbeiten, öffnen der Krankheit die Tore des Körpers und erlauben ihr, sich einzunisten.

Wo liegt nun der Unterschied zwischen Schulmedizin und spiritueller Heilkunde? Die **Schulmedizin** kümmert sich um den erkrankten Körperteil, pflegt verletzte Gliedmaßen oder ein schmerzendes Organ. Sie heilt mit Medikamenten, Behandlungen und Operationen usw. Auch sie arbeitet mit den menschlichen Selbstheilungsprozessen, geht jedoch davon aus, dass sie oft erst nach einem ärztlichen Eingriff in Kraft treten können. Dieser ist jedoch rein symptomatisch und basiert auf den sichtbaren und messbaren Auswirkungen der Krankheit. Sie interessiert sich nur selten für deren psychische Ursachen. Die **spirituelle Medizin** kümmert sich um das Wesen als Ganzes, d.h. also nicht nur in seiner körperlichen, sondern auch in seiner geistigen, emotionalen und spirituellen Dimension. Anhänger dieser Richtung sind fest davon überzeugt, dass alles heilbar ist, wenn es uns gelingt, zu bedingungsloser Liebe, Lebensfreude und innerem Frieden zu finden. Diese Medizin kümmert sich um einen Patienten mit einem Problem und nicht um das Problem eines Patienten, wie das in der Schulmedizin der Fall ist, wo wir in den Krankenhäusern hören: „der Leistenbruch von 310", „das Magengeschwür von 242", „die Überdosis von 540" usw.

Suchen wir einen Arzt, Heilpraktiker oder aber auch einen Heiler auf, so tun wir dies mit dem folgenden Gedanken: „Ich hoffe, er wird mich heilen!" Das ist so, als würden wir ihm sagen: „Könnten Sie mich bitte reparieren! Ich hoffe, Sie haben das nötige Werkzeug!" Die spirituelle Medizin vertritt im Allgemeinen einen anderen Ansatz. Hier kommt der Patient eher mit diesen Gedanken: „Ich möchte die wahren Ursachen meiner Krankheit erkennen. Ich bin mir dessen bewusst, dass ich allein für sie verantwortlich bin. Entdecke ich ihre Gründe, so verringere ich die Wahrscheinlichkeit eines Rückfalls. Ich möchte mich durch meine Gesundheitsprobleme selbst besser kennenlernen." Das Ziel der spirituellen Medizin liegt also in erster Linie darin, uns unserer schädlichen Gedanken und Emotionen bewusst zu werden. Sie hilft uns, uns zu entwickeln und auf den Weg der Liebe zurückzufinden.

In diesem Kapitel soll es daher um den metaphysischen Aspekt von Krankheiten und Gesundheitsproblemen gehen, der die Verbindung mit den ursprünglichen Gründen, den Ur-Sachen herstellt, die im Geiste liegen. Ich werde oft gefragt, woher die Metaphysik stammt, wer sie erfunden hat und wie wir sicher sein können, dass sie wahr ist. Darauf kann ich nur antworten, dass noch nie das Gegenteil bewiesen wurde. Wir wissen nicht genau, woher diese Wissenschaft stammt, doch gibt es sie seit Menschengedenken. Früher wurde sie als Geheimlehre nur an Eingeweihte weitergegeben. Seit ein paar Jahrzehnten wird dieses esoterische Wissen einer immer größeren Öffentlichkeit zugänglich gemacht, was darauf schließen lässt, dass ein Teil der Menschheit nun weit genug entwickelt ist, um es zu hören.

Glaub mir jedoch keinesfalls, weil ich es vielleicht mit Überzeugung vermittle! Glaub es auch nicht, weil es nun in einem Buch steht! Glaub es einzig und allein deshalb, weil es Ergebnisse in deinem eigenen Leben hervorbringt. Um es zu wissen, musst du also selbst die Erfahrung machen, um die Gültigkeit zu beweisen oder widerlegen zu können. Heutzutage werden die verschiedensten Lehren in Vorträgen, Kursen oder Seminaren verbreitet. Sie sind nur wirklich von Wert für dich, wenn sie dir helfen, dich und deine Mitmenschen lieben und akzeptieren zu lernen. Eigentlich ist es nebensächlich, woher diese Lehren stammen. Wichtig ist einzig und allein, ob sie dich auf deinem Weg unterstützen können. Auch das kannst du nur durch eigene Erfahrung feststellen.

Kommen wir nun zu den Krankheitsursachen, die ich in mehrere Gruppen unterteilen will:

Da sind zunächst die sogenannten **karmischen Krankheiten,** die auf ein früheres Leben zurückgehen. Sie treten vor allem bei Neugeborenen und Kleinkindern auf und betreffen auch Behinderungen. Das bedeutet jedoch nicht, dass sie deshalb als lebenslange Last akzeptiert werden müssen. Die betroffene Person hat durch diese Krankheit etwas zu überwinden, was in einem früheren Leben nicht abgeschlossen werden konnte. Es gibt zahlreiche Fallbeispiele von Menschen, die eine Behinderung oder Krankheit nach langen Jahren überwunden haben. Solche Fälle kann sich die Schulmedizin nicht erklären. Doch handelt es sich hierbei keineswegs um Wunder, sondern vielmehr um einen inneren Wandel. Da der Geist jedoch durch den Körper zum Ausdruck kommt, offenbaren sich innere Transformationen schließlich auch äußerlich. Es gibt sogar ein spirituelles Gesetz, welches besagt, dass ein Mensch wesentlich größere Chancen hat, eine Behinderung zu überwinden, wenn er bereit ist, den Rest seines Lebens ohne jegliche Erwartungen und Interessen in den Dienst seiner Mitmenschen zu stellen.

Besonders häufig sind **vom Geist geschaffene Krankheiten.** Nehmen wir das Beispiel einer Frau, die ihr Leben lang Angst vor einer bestimmten Krankheit hatte, da während ihrer Kindheit ihre Mutter oder eine andere nahestehende Person daran starben. Die Angst davor hat dann einen Elementargeist (die zuvor erwähnten Gedankenformen) erzeugt, der stark genug war, diese Krankheit schließlich tatsächlich in ihr auszulösen. Sie hat sie sich also allein durch die Kraft ihres Geistes geschaffen. Um diesen Zustand zu überwinden, muss sie einen anderen Elementargeist der Gesundheit und Vollkommenheit für ihren Körper erzeugen.

Glaubt jemand also, ein bestimmtes Problem könne ihm zu einem gewissen Zeitpunkt zustoßen, so erzeugt sein Geist dadurch die idealen Bedingungen dafür, dass dies wirklich eintritt.

Ebenso häufig sind **Krankheiten zur Stressvermeidung.** Wer kennt nicht den Fall einer Grippe, die plötzlich ausbricht, wenn wir der Situation im Büro nicht mehr gewachsen sind? Erst sie ermöglicht es uns, wirklich Abstand von dem damit verbundenen Stress zu nehmen. Wir erholen uns zu Hause und sind danach wieder in der Lage, uns den beruflichen Anforderungen zu stellen. Innerlich hoffen wir, dass das Problem inzwischen gelöst ist.

Deshalb sollten wir uns zunächst fragen, welche Vorteile uns eine bestimmte Krankheit bringt. Welches Geschenk verbirgt sich in ihr? Worin hilft sie mir? Welchem Stress entgehe ich durch sie? Ist tatsächlich Letzteres der Fall, so ist es wichtig für dich zu erkennen, dass du nicht krank werden musst, um einer unangenehmen Situation zu entgehen. Zuerst solltest du das Ereignis einfach als solches akzeptieren. Brauchst du tatsächlich eine Pause oder eine Beurlaubung, um Abstand von diesem Problem zu bekommen, so solltest du das dir und den betroffenen Personen eingestehen.

Du kannst jeder Situation die Stirn bieten, ohne in eine Krankheit flüchten zu müssen. Dein Körper wäre dir sicher dankbar, wenn du lernst, Stress auf diese Weise zu bewältigen.

Die meisten Krankheiten gehen jedoch auf **Entscheidungen früherer Lebensphasen,** insbesondere unserer Kindheit zurück. Diese Entscheidungen werden im Hinblick auf andere , auf uns selbst oder das Leben im Allgemeinen getroffen. Viele davon gehen auf die Beobachtung unserer Eltern zurück. Wir wollten als Kinder unbedingt von ihnen geliebt werden, so dass wir viele ihrer Ideen und Verhaltensweisen direkt übernommen haben. Doch das war ihr Lebensstil und nicht der unsere! Jeder Mensch hat seinen eigenen Weg zu gehen.

Schickt dir dein Körper ein bestimmtes Gesundheitsproblem, so heißt das nicht, dass du deshalb dein ganzes Leben umkrempeln musst. Vielleicht will er dir nur sagen, dass du lernen solltest, Situationen objektiver einzuschätzen oder dein Potential besser einzusetzen. So ist weder Wut noch Ungeduld oder Aggressivität ein wirkliches Vergehen. Zurzeit bist du nun einmal so! Doch kannst du lernen, diese Charakterzüge auch zu deinem Vorteil einzusetzen. Nur wenn du diese Eigenschaften in schädlicher Weise zum Ausdruck kommen lässt, werden sie in deinen Augen zu Fehlern.

In Wirklichkeit gibt es keine schlechten Charaktereigenschaften! Was wir als Fehlverhalten bezeichnen, sind lediglich schlecht eingesetzte Eigenschaften. So kann Ungeduld durchaus auch vorteilhaft sein, wenn sie es uns ermöglicht, eilige Dinge schneller zu erledigen. Bringen wir durch eine aggressive Haltung jemanden dazu, sich aus einer festgefahrenen Situation zu befreien oder durchzuhalten, so kann auch das durchaus vorteilhaft sein. Setzt du diese Wesenszüge jedoch nachteilig ein, so wirst in erster Linie du selbst an den Folgen zu leiden haben. Du kannst ein Messer beim Griff oder bei der Schneide packen. Je nachdem kann es dich verletzen oder dir eine große Hilfe sein.

Dank deiner Bemühungen, die Ursachen deiner Gesundheitsprobleme zu entdecken, wirst du dir deines Innenlebens immer bewusster werden und lernen, die neu gewonnenen Erkenntnisse besten Wissens und Gewissens einzusetzen. Fühlst du dich wirklich krank, solltest du dennoch einen Arzt zu Rate ziehen. Er ist dazu ausgebildet, um festzustellen, was nicht richtig in deinem Körper funktioniert. Er wird dir dann eine bestimmte Behandlung (Medikamente, Spritzen oder gar eine Operation) vorschlagen. Nun liegt es an dir zu entscheiden, wie du mit seinem Rat verfährst. Vergiss nicht, dass es sich letztendlich um deinen Körper handelt. Es ist deine Verantwortung, eine Behandlung zu akzeptieren, dich über Wirkungen und Nebenwirkungen eines Medikaments zu informieren. Schlägt dir der Arzt eine Operation vor, solltest du dir alle Details bezüglich dieses Eingriffs erklären lassen: das Warum, das Wie, mögliche Komplikationen usw.

Gott sei Dank sind die Zeiten vorüber, in denen sich die Leute in blindem Glauben an die Schulmedizin zersäbeln ließen. Du kannst immer die verschiedensten Ansichten einholen, doch liegt die endgültige Entscheidung allein bei dir. Du allein kannst bestimmen, ob du der vom Arzt empfohlenen Behandlung folgen willst oder nicht. Ich empfehle dir, seinen Anweisungen zu folgen, wenn du dich dabei gut fühlst. Suche jedoch zugleich in deinem Inneren nach den wirklichen Ursachen deines Problems. Hast du sie entdeckt, wirst du wahrscheinlich merken, dass die medizinische Behandlung inzwischen überflüssig geworden ist. Du wirst erkennen, dass du dich selbst heilen kannst, wenn du den wahren Krankheitsgründen auf die Spur kommst. Wir sollten nie aus den Augen verlieren, dass ein Arzt ein Spezialist auf dem Gebiet der Behandlung von Krankheiten, nicht aber auf dem der seelischen oder spirituellen Gesundheit ist. Vertraust du ihm jedoch, so hält dich nichts davon ab, Hand in Hand mit ihm zu arbeiten, und ihm deine Erfahrungen und deinen persönlichen Weg mitzuteilen. Eine solche Form der Zusammenarbeit kann sehr fruchtbar sein. Immer mehr Ärzte stehen heute einer ganzheitlichen Vorstellung der Gesundheit offen gegenüber.

Ein interessantes Detail, das dir helfen kann, Krankheitsursachen festzustellen, liegt in der Interpretation der ärztlichen Verordnung. Eine Theorie besagt nämlich, dass die Verordnung **oral** oder **rektal** zu verabreichender Medikamente darauf hindeutet, dass die wahre Krankheitsursache der körperlichen Dimension bzw. der Vergangenheit angehört. Hier liegt die Blockade also bereits hinter dir. Lebst du vielleicht in der Vergangenheit? Fühlst du dich schuldig für Dinge, die früher einmal geschehen sind? Wird die Behandlung **über die Haut** verabreicht, so handelt es sich mehr um ein emotionales Problem und betrifft eher die Gegenwart. Wahrscheinlich lösen aktuelle Geschehnisse starke Gefühle in dir aus und du übersiehst die Liebe, die sich hinter dem Ganzen verbirgt. Wird das Medikament **eingeatmet**, so handelt es sich oft um ein geistiges Problem, das mit der Zukunft zu tun haben kann. Vielleicht machst du dir zu große Sorgen über bevorstehende Ereignisse oder leidest unter Zukunftsängsten.

Eine weitere Hilfe bei deiner Suche nach den Gründen für deine Gesundheitsprobleme können dir folgende Fragen bieten: „Was geschah genau, als die Krankheit zum ersten Mal auftrat? Was könnte ich nicht mehr tun, wenn der betroffene Körperteil völlig außer Gefecht gesetzt wäre? Wozu dient er mir am häufigsten?"

Um zu wissen, was du unternehmen kannst, wenn du dir der Krankheitsursachen bewusst geworden bist, möchte ich dir mein Buch *Höre auf deinen Körper, deinen besten Freund* wärmstens ans Herz legen. Hier erläutere ich im Detail, wie wir unsere Ängste überwinden, unsere Gefühle besser zum Ausdruck bringen oder z.B. auch aufhören können, in der Vergangenheit zu leben.

Geht dein Problem auf einen **Unfall** zurück, so lässt das darauf schließen, dass du Schuldgefühle hast oder fürchtest, dich schuldig zu fühlen. Solche Schuldgefühle sind in der Regel völlig unbewusst. Möchtest du wissen, worauf sie sich beziehen, so stelle dir die Frage, wozu du den verletzten Körperteil benutzt. Menschen haben die natürliche Reaktion, sich selbst zu bestrafen, wenn sie sich für etwas die Schuld geben. Unser Unterbewusstsein bestraft uns durch Unfälle oder Schmerzen. Ist dies der Fall, so solltest du dich zunächst fragen, ob du denn wirklich schuld an etwas bist. Wolltest du denn dir oder einem anderen tatsächlich bewusst Leid zufügen? Ist das nicht der Fall, so solltest du aufhören, dich zu beschuldigen; dann brauchst du dich auch nicht zu bestrafen. Es kommt auch vor, dass wir einen Unfall haben, um uns eine Pause zu verschaffen, die wir uns sonst nicht zugestehen würden. Manche brechen sich sogar einen Fuß, um nicht mehr arbeiten zu müssen. Sind die Menschen einmal intelligent und weise genug, sich nicht mehr selbst anzuklagen, werden sie sich auch nicht mehr selbst solches Leid zufügen. Sie werden lernen, freie Entscheidungen zu treffen, ohne sich oder anderen dabei Vorwürfe zu machen. Sie werden endlich in der Lage sein, in Frieden und Freude zu wachsen und zu gedeihen.

Es gibt noch ein weiteres Mittel, um Krankheitsursachen festzustellen: Auf welcher Seite liegt das Problem? Die **rechte Körperhälfte** entspricht dem **männlichen Prinzip,** das für Stärke, Macht, Mut, Adel, Größe, Tapferkeit, Gerechtigkeit, Durchhaltevermögen, Willenskraft, Selbständigkeit, Vernunft, Logik und Organisationstalent steht. Diese Seite des Wesens handelt nach den Befehlen des weiblichen Prinzips, dessen Aufgabe darin besteht, Entschlüsse zu fassen und etwas zu erschaffen. Unsere rechte Seite wurde demnach von unserem Vater beeinflusst, von dem wir gelernt haben, das entsprechende Prinzip zu entwickeln. Untersuche also, ob es eine Verbindung zwischen deinem Vater und den oben aufgezählten Eigenschaften gibt.

Die **linke Körperhälfte** stellt das **weibliche Prinzip** dar. Hier kommen Zärtlichkeit, Reinheit, Feingefühl, Schönheit, Sanftheit, Charme und Aufnahmefähigkeit zum Ausdruck. Diese Seite ist mit der Kunst, Dichtung und Musik, der Harmonie verbunden. Hier haben Intuition und Kreativität ihre Wurzeln. Sie ermöglicht es uns, neben der Stimme der Vernunft, des Verstandes und der Analyse auch auf die Eingebung zu hören. Hier wird geschaffen und beschlossen. Dieser Aspekt deines Wesens wurde von deiner Mutter beeinflusst.

Du hast sie auf der Grundlage all dessen weiterentwickelt, was du von ihr gelernt hast.

In unserer heutigen Gesellschaft haben wir vor allem gelernt, das maskuline Prinzip auszubauen. In manchen Familien ist es sogar stärker bei der Frau als beim Mann vertreten, was im weiteren Leben der Kinder zu allerlei Verwirrung führen kann, da der gesamte Identifikationsprozess davon abhängt. Im Idealfall greifen wir gleichermaßen und je nach Bedarf auf beide Aspekte zurück. Oft reagiert unser Körper, wenn diese beiden Kräfte nicht ausgewogen in uns sind, wenn unsere männlichen und weiblichen Energien aus dem Gleichgewicht geraten sind, wenn wir eine der beiden vernachlässigen oder aber überbeanspruchen.

Verliere nie aus den Augen, dass die Botschaften deines Körpers immer einen Aspekt betreffen, der dir in diesem Augenblick noch nicht bewusst ist. Auf den folgenden Seiten werden wahrscheinliche Ursachen der häufigsten Krankheiten aufgeführt. Bevor du diese Ausführungen jedoch ablehnst, weil sich dein Inneres gegen sie sträubt, solltest du versuchen, dem „Vielleicht" ein kleines Plätzchen einzuräumen. Statt eines „Nein! Das bin doch nie und nimmer ich!" kannst du dann versuchen, deinen Geist zu öffnen und dir ganz einfach sagen: „Im Augenblick ist es mir unmöglich, eine Verbindung zwischen dem hier Gelesenen mit meinem Innenleben herzustellen. Doch lasse ich die Möglichkeit bestehen und komme später noch einmal auf diese Frage zurück. Ich lasse mir einfach noch ein wenig Zeit." Versuche, dieser Frage in den Tagen darauf so offen wie möglich gegenüberzustehen, denn zunächst sträuben wir uns sehr oft gegen die Botschaften unseres Körpers. Wenn du dir tatsächlich deines Innenlebens so bewusst wärst, wie du meinst, hätte dein Körper es nicht nötig, dir auf diese Weise Nachrichten zukommen zu lassen.

Außerdem solltest du nie aus den Augen verlieren, dass all die Einsichten, die du durch Bücher, Kurse, Vorträge oder Seminare gewinnst, deiner eigenen Persönlichkeitsentfaltung dienen sollen. In keinem Fall darfst du deine neuen Entdeckungen und Erkenntnisse dafür einsetzen, deine Mitmenschen zu verändern. Du solltest sie nur dafür verwenden, sie besser zu verstehen oder ihnen mehr Mitgefühl entgegenbringen zu können, um direkter mit ihnen kommunizieren zu können. Werden wir uns nämlich der Botschaften unseres Körpers bewusst, so fällt es uns zunächst immer leichter, die Mechanismen bei anderen als bei uns selbst zu erkennen. Hast du das Problem also bei jemandem erkannt, so vermeide es, ihn alsbald mit deinen neu erworbenen Einsichten zu konfrontieren. Du kannst jedoch versuchen, ihm mit Hilfe deiner Erkenntnisse gezielte Fragen zu stellen und ihn nach und nach an den Punkt zu bringen, sein Problem selbst zu erkennen und eine Lösung dafür zu finden. Der Umstand, diese Lösung vielleicht schon vor ihm zu kennen, wird dir helfen, ihn in die richtige Richtung zu lenken.

Nun aber noch etwas sehr, sehr Wichtiges, was du nie vergessen darfst. Deshalb möchte ich dich auch bitten, den folgenden Satz mehrmals zu lesen: **Entdeckst du, dass du selbst für dein Gesundheitsproblem verantwortlich bist, so solltest du dich deshalb auf keinen Fall schuldig fühlen.** Menschen auf dem Weg zur Selbstentfaltung sind oft Perfektionisten und als solche Experten im Bereich der Schuldgefühle. Stellt sich heraus, dass deine Krankheit z.B. auf deine Hartnäckigkeit zurückgeht, so hat es keinen Sinn, dir deshalb Vorwürfe zu machen. Vielleicht wirst du entdecken, dass du stolzer und starrer bist oder mehr mit dem Verstand liebst, als du dachtest. Dein Bewusstwerdungsprozess hat jedoch keineswegs zum Ziel, dich dafür abzuwerten oder schuldig zu fühlen. Du willst ja in erster Linie all die in deiner Kindheit übernommenen Gedanken und Verhaltensweisen erkennen lernen. Sie können von deiner Umwelt, deinen Eltern oder all jenen herrühren, die sich im weitesten Sinne um deine Erziehung gekümmert haben. Du musst dir darüber klar werden, dass du all diese eingetrichterten Informationen nicht mehr nötig hast.

Folgender Vergleich sollte dir das Verständnis erleichtern: Stell dir vor, du hast heute einen großen Putztag beschlossen. Seit langem kommst du wieder einmal in die hintersten Ecken der Schubladen und Schränke, der Garage und des Speichers. Da findest du zahlreiche Gegenstände, an die du dich gar nicht mehr erinnerst.

Manchmal möchtest du sie aufheben, reinigst sie und legst sie an eine Stelle, wo du sie wiederfinden kannst. Wahrscheinlich entdeckst du aber auch etliche Dinge, die du wohl nie mehr benutzen wirst. Du beschließt, sie zu verschenken oder sie ganz einfach wegzuwerfen. Greifst du dir deswegen aber an den Kopf und machst dir Vorwürfe dafür wie: „Was bin ich doch für ein Idiot! Wie konnte ich so etwas mehr als zehn Jahre lang aufheben? Was habe ich mir nur dabei gedacht?" Es bringt dir nicht das Geringste, dir wegen dieser Dinge Vorwürfe zu machen. Die Dinge kommen ohne großes Drama in den Müll – fertig aus!

Warum sollten wir bei unserem spirituellen Wachstum nicht ebenso vorgehen, wenn wir auf alte Denkweisen,

Handlungsmechanismen oder Verhaltensweisen stoßen, die uns heute nichts mehr nützen? Erkenne einfach, dass du sie nicht mehr brauchst, auch wenn du es irgendwann einmal, aus welchen Grund auch immer, für nötig gehalten haben musst, sie von jemand anderem zu übernehmen. Zu jenem Zeitpunkt haben sie dir wohl entsprochen; heute hingegen stellen sie offenbar ein Hindernis auf deinem weiteren Weg dar. Machst du diesen Großputz in deinem Inneren und lässt solche Einstellungen los, schaffst du neuen Platz, der sich bald mit Liebe und schönen Lebenserfahrungen füllen wird. So entwickeln wir die Fähigkeit, unser eigenes Leben zu erschaffen, indem wir neue Lebensweisen annehmen, die uns nicht mehr von Personen unserer Umgebung diktiert werden. Auf diese Weise finden wir zu einer völlig eigenen Persönlichkeit, da wir die Aspekte, die eigentlich anderen gehörten, über Bord werfen.

Fassen wir also zusammen: Entdeckst du eine Seite an dir, die dir missfällt, so freue dich darüber: „Bravo, endlich habe ich die Ursache gefunden, die mir in letzter Zeit so viel Kummer bereitet hat. Jetzt bin ich mir ihrer bewusst und schreite zur Tat, um mein Leben zum Besseren zu verändern. Alles, was mir zu tun bleibt, ist, diese Entdeckung in die Praxis des Lebens umzusetzen."

Nun will ich dir zeigen, welch großartiges Werkzeug unser Körper ist. Du wirst von diversen Nachrichten hören, die dein Körper dir durch Gesundheitsprobleme mitteilt. Dazu habe ich den Körper in sieben Zonen unterteilt, die den sieben Chakras oder Energiezentren entsprechen. Das sind die **Basisregion** des Steißbein-Chakras, dann die **Bauchregion**, die **Region des Solarplexus**, das Sonnengeflecht, die

Herzregion, die **Halsregion**, die **Gesichtsregion**, die dem Stirn-Chakra entspricht, und schließlich die **Kopfregion**. Wir werden die entsprechenden Gesundheitsprobleme also in dieser Reihenfolge behandeln.

Erste Zone: Die Basisregion

Diese Zone reicht von den Füßen bis zum Gesäß. Sie umfasst die vier falschen Wirbel des Steißbeins. Probleme in dieser Region gehen oft auf materielle oder körperliche Ängste zurück. Die betroffenen Personen fühlen sich isoliert und im Stich gelassen. Sie haben den Eindruck, alle Probleme allein regeln zu müssen. Dieser Körperbereich stellt ihre Verbindung zu Mutter Erde her, die immer alles bereitstellt, um ihre Kinder zu nähren. Sie haben Angst, weil sie meinen, diesen Schutz und diese Hilfe verloren zu haben. Ihr Körper schickt ihnen daher Botschaften, um sich dieser Ängste bewusst zu werden. Häufig sind solche Personen sehr abhängig von bestimmten Menschen oder Dingen, um glücklich zu sein. Sie haben kein wirkliches Lebensziel oder wagen nicht, es anzusteuern. Sie warten zu sehr darauf, dass alle Umstände passen.

Sie haben Probleme an den **Füßen** oder **Beinen**, am **Steißbein** oder **Gesäß**. Für ihre Sicherheit benötigen sie konkrete Unterstützung von außen. Oft kämpfen sie gegen etwas oder jemanden in ihrer Umgebung an, durch das oder den sie ihre Sicherheit bedroht fühlen. Sie haben keinerlei Kontakt zu der großen Kraft, die ihnen innewohnt, da es ihnen am Glauben fehlt.

Probleme an **Füßen** und **Fußgelenken** gehen auf Zukunftsängste und Furcht vor Verantwortung zurück. Manchmal wollen solche Menschen einfach zu schnell voran und wissen dann nicht mehr, wie sie sich zurechtfinden können. Ein Heilmittel? Liebe das Leben, wie es ist, und akzeptiere alles, was sich auf deinem Weg befindet. So wird auch deine Zukunft bald rosiger aussehen.

Eine **Verstauchung** oder **Verrenkung** ist ein Zeichen für Zorn oder Widerstand. Ist der Fuß davon betroffen, so beziehen sich diese Emotionen auf die eingeschlagene Richtung; bei der Hand sträubt man sich eher dagegen, etwas zu wiederholen. Wir hegen unbewusste Schuldgefühle für unseren inneren Widerstand und bestrafen uns dafür, während unser Körper uns zu sagen sucht: „Akzeptiere deine augenblicklichen Ängste und vertraue dem Leben! Nimm dir die nötige Zeit, aber fange gleich damit an, aktiv zu werden, um dein Ziel zu erreichen!"

Schmerzen an der **Ferse** treten vor allem dann auf, wenn wir uns unverstanden fühlen oder einer ungewissen Zukunft gegenübersehen. Hier lautet die Botschaft des Körpers: „Bevor du dich von allen anderen missverstanden fühlst, solltest du dich zuerst einmal bei ihnen erkundigen, ob das überhaupt wahr ist. Du wirst sehen, dass alles in deinem Geist entsteht. Um jedoch auf deinem Lebensweg weiterzukommen, ist es gar nicht nötig, verstanden zu werden. Jetzt bist du dran!"

Auch Menschen mit **Hühneraugen** fehlt die Zuversicht, und sie sehen der Zukunft frustriert entgegen. Sie sind wütend auf ihr eigenes Leben, das ihnen lediglich mitzuteilen versucht, dass sie ihm mehr Vertrauen und Gleichmut entgegenbringen und sich nicht so viele Sorgen machen sollten.

Schwielen an den Füßen deuten darauf hin, dass wir unserer Zukunft nicht unbefangen gegenüberstehen. Wir gehen ihr mit zu viel oder zu wenig Schwung entgegen. In beiden Fällen scheinen uns die Aufgaben zu groß, um natürlich bewältigt werden zu können.

Ein **Überbein** am Fuß zeugt von Schwierigkeiten, vorwärtszugehen. Dazu kommt es oft bei Menschen, die sich ihr Leben erschweren, da sie sich zu viele Gedanken über ihre Zukunft machen. Ihr Körper will ihnen hiermit sagen, dass sie versuchen sollten, in der Gegenwart zu leben und dem Universum zu vertrauen.

Probleme an den **Zehen** treten bei Leuten auf, die sich Sorgen um die kleinsten Details ihrer Zukunft machen. Sie sollten ihre Energie in wichtigere Dinge investieren.

Auch **schmerzende Beine** sind ein Zeichen für Zukunftsängste. Hier will der Körper uns mitteilen, dass wir in voller Zuversicht und Lebensfreude vorwärtsgehen können, da alles sich zum Besten fügen wird. Unser aktuelles Verharren ist uns abträglich.

Ein **eingewachsener Nagel** ist ein Zeichen für Unruhe oder Schuldgefühle in Bezug auf die Wahl einer eingeschlagenen Richtung.

Verwachsene Füße treten vor allem bei Menschen auf, die sich nicht akzeptiert fühlen. Dadurch fehlt ihnen das Selbstvertrauen, das nötig wäre, um sich den Lebensweg etwas lockerer zu gestalten. Ihre Frustration lässt alle Aufgaben härter erscheinen. Ihr Körper versucht ihnen mitzuteilen: „Sieh doch all deine Vorzüge! Das Leben muss doch gar nicht so schwer sein! Akzeptiere dich selbst! Das ist alles, was zählt."

Krampfadern an den Beinen deuten darauf hin, dass du entweder deinen aktuellen Aufenthaltsort oder deine Arbeit nicht magst. Es ist wichtig, die Dinge, die wir tun, gern zu tun. Vielleicht solltest du zu einem Beruf wechseln, der dir mehr Freude bereiten würde. Das Blut steht für die Lebensfreude. Können deine Venen es nicht mehr richtig durch die Beine transportieren, so ist auch deine Lebenslust blockiert. Wahrscheinlich hast du dich etwas in der Mentalität des „man muss" festgefahren. Mit dieser Botschaft lädt dein Körper dich dazu ein, dir auch schöne Dinge zu gönnen und nicht immer die Arbeit vor das Vergnügen gehen zu lassen.

Die **Knie** sind die flexible Achse unserer Beine. Probleme an dieser Stelle zeigen, dass wir zwar vorwärtsgehen, nicht aber unsere Grundhaltung ändern wollen. Überholte Ansichten hindern uns daran und lassen uns starr, stolz und stur in Bezug auf unsere eigene Zukunft wie auch auf unsere Mitmenschen werden. Wir neigen dazu, uns vor unseren Verantwortungen zu drücken, anstatt sie anzunehmen. Knieverletzungen sind oft sehr langwierig, weil es den davon betroffenen Personen schwerfällt, ihre Denkweisen und Einstellungen zu revidieren und entsprechend zu verändern. Das Knie ist dazu da, sich zu beugen und hinzuknien. Ein Problem auf dieser Ebene deutet demnach darauf hin, dass du dich anderen nicht beugen willst. Dein Körper versucht dir mitzuteilen, dass du anderen auch recht geben und dir manchmal den Weg von ihnen zeigen lassen solltest. Du hast alles, was du brauchst, um dich deinen Verantwortungen stellen zu können. Knieprobleme können jedoch auch auf Ängste hinweisen, so wie deine Eltern zu werden (z.B. Alkoholiker wie die Mutter oder inzestuös wie der Vater usw.). In diesem Fall will unser Körper uns mitteilen, dass wir lernen sollten, den fraglichen Elternteil zu lieben, anstatt ihn zu verurteilen.

Hindern wir uns daran, wegen Problemen in der Vergangenheit frei auf die Zukunft zuzugehen, dann kommt das oft durch Probleme an **Oberschenkeln** oder **Gesäß** zum Ausdruck. Wir haben uns nachtragend oder wütend in unserer eigenen Vergangenheit verfangen.

Auch **Zellulitis an den Oberschenkeln** ist ein Zeichen dafür, dass Ereignisse der Vergangenheit uns daran hindern, unbesorgt in die Zukunft zu blicken. In diesem Fall handelt es sich bei den Geschehnissen jedoch eher um Kindheitstraumen, welche die natürliche Kreativität beeinträchtigen.

Probleme des **Steißbeins** zeugen von zu großer Abhängigkeit von anderen. Der Betroffene meint, nichts allein bewerkstelligen zu können. In Wirklichkeit ist es jedoch genau umgekehrt, da gerade die anderen von ihm abhängig sind. Er erkennt nicht, dass er eigentlich stärker ist als diejenigen, auf die er sich zu stützen sucht. Abhängige Menschen bleiben auf ihrem Hintern sitzen und warten, dass man ihnen hilft. Sie müssen lernen, selbst die Initiative zu ergreifen. Ihr Körper versucht ihnen klarzumachen, dass sie sich völlig falsch einschätzen. Schmerzt das Steißbein nur im Sitzen, so gesteht sich die betroffene Person oft nicht zu, sich hinzusetzen, da sie ständig das Gefühl hat, den anderen zuvorkommen zu müssen. Sie täuscht sich sehr.

Leute, die an **Hämorrhoiden** leiden, glauben, zu große Spannungen, Druck und Last ertragen zu müssen. Sie machen sich Vorwürfe, weil sie sich dadurch überfordert fühlen. So schleppen sie ihre Last weiter mit sich, weil ihr Stolz und ihre Ängste sie daran hindern, loszulassen und andere um Hilfe zu bitten. Anstatt die Angst zu nähren, nicht mehr mit all deinen Aufgaben fertig zu werden, solltest du zugeben, dass du die Situation nicht mehr allein bewältigen kannst und Unterstützung brauchst.

Venenentzündungen betreffen meist die Beine und sind ein Zeichen von Zorn, Frustration und mangelnder Lebensfreude. Solche Menschen neigen dazu, anderen Vorwürfe für all das zu machen, was ihnen fehlt und sie daran hindert, vorwärtszukommen. Sie haben sich ihre eigenen Grenzen gesetzt, schieben aber die Schuld für ihre mangelnde Lebenslust lieber anderen zu, anstatt ihre eigene Verantwortung zu akzeptieren.

Juckreiz am Anus zeugt von Schuldgefühlen und Gewissensbissen in Bezug auf die Vergangenheit. Dein Körper versucht dir zu sagen, dass es keinen Sinn hat, dir Vorwürfe zu machen, nicht all deinen Wünschen entsprochen zu haben. Auch **Schmerzen am Anus** stehen für Schuldgefühle. Sie zeigen, dass du dich selbst zu bestrafen suchst, weil du dich für unfähig hältst, Dinge ohne die Hilfe anderer in die Tat umzusetzen. Ein **Abszess am Anus** zeugt von Zorn, der sich gegen uns selbst richtet, weil wir bestimmte Dinge nicht loslassen wollen. Unser Körper sagt uns, dass wir dem Leben und unseren Nächsten vertrauen sollten und uns in aller Zuversicht gehen lassen können. Ein **blutender Anus** hat eine ähnliche Bedeutung, doch gehen Zorn und Frustration hier Hand in Hand mit einem Verlust der Lebensfreude.

Probleme mit den **Nebennierendrüsen** lassen auf eine defätistische Lebenshaltung schließen, die an nichts und niemandem – auch nicht an sich selbst – interessiert ist. Das Fehlen eines Lebensziels ist schließlich verantwortlich für die verschiedensten Ängste. Dein Körper gebietet dir hier, damit aufzuhören, eine Lösung von außen zu erwarten, und dir endlich ein – wenn auch noch so kleines – Ziel zu setzen,

Bei **Morbus Addison,** einer Insuffizienz der **Nebennie-renrinde,** handelt es sich um eine ähnliche Nachricht. Der Ernst der Krankheit drängt ganz besonders darauf, sich bald-möglichst in den Griff zu bekommen.

Soweit zu den Krankheiten und Gesundheitsproblemen der **Basisregion**.

Zweite Zone: Die Bauchregion

Diese Zone umfasst die unteren Rückenpartien auf Höhe der fünf miteinander verschmolzenen Sakralwirbel und auf der Vorderseite den Bauch bis zum Nabel. Hier befinden sich unter anderem die **Nieren**, die **Harnblase**, ein Teil der **Därme** und die **Geschlechtsorgane**.

In dieser Region steckt ungeheuer viel Energie, da hier Sexualität und Zeugung entspringen. Hier hat die Macht der Schöpfung ihren Ursprung. Diese Zone wird stimuliert, wenn wir auf der Suche nach Empfindungen sind. Dabei sollten wir nie aus den Augen verlieren, dass die Sinnesfreu-den und rein irdischen Vergnügen uns von unserem eigent-lichen Lebensziel entfernen. Dieses Ziel liegt im Erwachen des Bewusstseins, der Weisheit, der Liebe und der Entde-ckung Gottes. Unsere Sinne sollten uns dazu dienen, Gott in allen Dingen zu erfahren und nicht nur, um uns körperliche Vergnügen durch Essen, Trinken und Sex zu verschaffen.

Menschen mit Problemen in dieser Zone wollen das Leben anderer organisieren, anstatt sich um ihr eigenes zu kümmern. Sie fürchten, nicht über genug Macht zu verfü-gen und dass andere Macht über sie gewinnen könnten. Sie haben demnach das Gefühl, bestimmten Menschen oder Situationen gegenüber machtlos zu sein. All das erzeugt Ängste, die in dieser Region ebenso vorhanden sind wie in der ersten. Auch Leute, die mit allen Mitteln nach äußeren Sinnesreizen suchen, kennen dieses Problem. Schließlich betreffen natürlich auch sexuelle Schuldgefühle diese Zone.

Rückenschmerzen im Bereich des **Kreuzbeins** treten vor allem bei materiellen Ängsten auf. Wir machen uns zu viele Sorgen um Arbeit, Hab und Gut, eben all das, was uns mit der stofflichen Ebene unserer irdischen Existenz verbindet. Diese Region stützt unseren ganzen Körper. Menschen, die viele Besitztümer brauchen, um sich im Leben sicher zu fühlen, haben häufig Probleme in diesem Bereich. Unser materieller Besitz soll uns in erster Linie helfen, uns Gott anzunähern. Deine wahre Unterstützung ist nicht dein Geld, sondern du selbst. Du verfügst über alle nötigen Mittel, um dein eigenes Leben zu schaffen. Fühlt sich jemand nicht unterstützt, so hat er sich das selbst zuzuschreiben. Lernst du positiver und unabhängiger zu sein, so kannst du all deine Ziele verwirklichen. Oft werden Rückenschmerzen auch schlimmer, wenn die betroffene Person sich nicht das Recht auf fremde Hilfe zugesteht. Wagt sie es schließlich, um Hilfe zu bitten, und diese wird ihr versagt, so fühlt sie sich vollkommen blockiert.

Probleme im unteren Rückenbereich betreffen häufig auch Menschen, die anderen die Schuld an ihren eigenen Schwierigkeiten geben und für die Freiheit heilig ist. Brauchen andere Menschen ihre Hilfe, fürchten sie, ihre Bewegungsfreiheit einzubüßen. Sie müssen einsehen, dass sie zuerst lernen müssen, anderen in Freude zu geben, was sie selbst bekommen möchten.

Schließlich treten solche Rückenprobleme auch bei Leuten auf, die ihren Eigenwert nach ihren materiellen Gütern bestimmen, anstatt sich als spirituelle Wesen zu akzeptieren, die in der Lage sind, ihr Leben nach ihren eigenen Wünschen zu schaffen und leben, um bedingungslos zu lieben.

Probleme an den **Hüften** deuten auf Ängste in Bezug auf wichtige anstehende Entscheidungen hin. Man fürchtet, einen Weg einzuschlagen, der zu nichts führt. In der Hüfte beginnt die Gehbewegung. Sie stellt demnach ein äußerst wichtiges Element für unsere Fortbewegung dar. Vor allem Menschen, die von vornherein beschließen, dass etwas nicht funktionieren kann und wird, haben ein Hüftproblem. Meist haben sie diese Befürchtungen nie wirklich hinterfragt. Der Körper sagt ihnen, dass sie den bevorstehenden Entscheidungen zuversichtlicher, flexibler und ohne Angst gegenübertreten sollten.

Über die **Därme** scheidet unser Organismus Gift- und Abfallstoffe aus. Bei possessiven, eifersüchtigen und egoistischen Menschen, die alles für sich behalten wollen, häufen sich diese Stoffe im Inneren an. Sie müssen lernen loszulassen, da dies sonst zu ernsthaften Darmerkrankungen führen kann.

Verstopfung betrifft vor allem Personen, die sich zu sehr zurückhalten. Diese Zurückhaltung kann die materielle Ebene ebenso betreffen wie die emotionale oder geistige. Dazu gehört z.B. die Angst, nicht genug zu besitzen oder bestimmte Dinge zu verlieren; die Angst, es könne ihnen an etwas fehlen, oder man müsse mit anderen teilen. Es kann aber auch bedeuten, dass wir an überholten Ideen festhalten und so keinen Platz für neue schaffen, oder aber, dass wir uns aus einem bestimmten Zugehörigkeitsgefühl oder wegen einer ganz bestimmten Person daran hindern, wir selbst zu sein. Unser Körper versucht uns hier mitzuteilen, dass wir dem Leben mehr vertrauen und uns vorstellen sollten, von einer liebenden Mutter, dem Universum, unterstützt zu werden.

Durchfall ist ein Zeichen von Angst. Solche Verdauungsstörungen betreffen uns, wenn wir verzweifeln oder düstere Ideen wälzen, aber auch, wenn wir uns Selbstvorwürfe machen und bevorstehenden Aufgaben nicht gewachsen sehen. In solchen sensiblen Phasen weisen wir uns selbst ebenso zurück wie die stoffliche, aber auch die spirituelle Nahrung. Wir fürchten zurückgewiesen zu werden, während unser Körper uns davon zu überzeugen sucht, dass niemand uns im Stich lässt, sondern dass all das eine Ausgeburt unseres Geistes und unserer Phantasie ist.

Auch **Blähungen** sind ein Zeichen von Ängsten. Manchmal schlucken wir deshalb beim Essen auch Luft, die ebenfalls solche Symptome verursachen kann.

Morbus Crohn, auch als Ileitis terminalis bezeichnet, gehört zur Gruppe der **chronisch-entzündlichen Darmerkrankungen.** Auch hierfür gelten die zuvor unter ähnlichen Symptomen angeführten Erläuterungen. Unter den zugrunde liegenden Ängsten überwiegt die der Zurückweisung. Die davon betroffenen Menschen machen sich Sorgen um alle möglichen Kleinigkeiten und haben das Gefühl, den Anforderungen des Lebens nicht gewachsen zu sein, weil sie sich nicht für „gut genug" halten.

Candidose wird durch Hefepilze verursacht und tritt vor allem bei Perfektionisten auf, die zu viel von sich verlangen und ihre Fähigkeiten überschätzen. Sie hegen ein Idealbild des Glücks und versuchen, es mit den verschiedensten Mitteln zu erreichen. Kommen ihre Erfahrungen jedoch dem erstrebten Glück nahe, legen sie sich selbst Hindernisse in den Weg. Ihr Körper sagt ihnen, sie sollten realistischer sein und lernen, das Glück auch in den kleinen Dingen des Alltags zu erkennen. Außerdem sollten sie mehr körperliche als geistige Aktivitäten auf ihr Tagesprogramm setzen.

Bandwürmer nisten sich bei Menschen ein, die sich immer als Opfer sehen und innerlich beschmutzt fühlen. Es fällt ihnen schwer, sich selbst zu lieben und ihre innere Schönheit zu erkennen. Sie sollten lernen, sich mit ihrem Christus-Ich zu identifizieren und ihrer Umwelt mehr Vertrauen zu schenken.

Kleinere **Eingeweidewürmer** treten vor allem auf, wenn wir Ideen „schlucken", die unseren eigenen oder unserem Lebensplan widersprechen und uns unsere Lebensfreude rauben. Schickt dir dein Körper diese Nachricht, so solltest du lernen, nur die Ideen zu akzeptieren, die dir förderlich sind und deinen Werten entsprechen. Vergiss nicht, Spaß am Leben zu haben.

Kolitis ist eine **Entzündung des Dickdarms,** die vor allem bei Menschen auftritt, die sich immer unterdrückt und niedergeschlagen fühlen. Oft haben ihre Eltern zu viel von ihnen verlangt oder ihnen nicht genug Liebe entgegengebracht. Sie müssen lernen, ihre Eltern so zu lieben, wie sie sind, und aufhören, ihr Glück von der Liebe anderer abhängig zu machen.

Verwachsungen im Darmbereich gehen auf angehäufte Schuldgefühle zurück und lassen auf eine nachteilige Lebenseinstellung schließen, die wir nicht aufgeben möchten. Dadurch entwickelt sich zusätzliches Gewebe, das sich an den **Darmwänden** oder in den **Geschlechtsorganen** verhärtet. Dein Körper teilt dir dadurch mit, dass auch du dich verhärtest, um nach außen hin vorzugeben, dass alles in Ordnung ist. Hör auf, dich schuldig zu fühlen und akzeptiere, dass du nach bestem Wissen und Gewissen gehandelt hast.

Eine **Blinddarmentzündung** ist ein weiteres Resultat von Ängsten und mangelnder Lebenslust. Die Betroffenen empfinden Überdruss und Unsicherheit. Sie sind meist recht sensibel und zurückhaltend. Sie sehen keinen Ausweg aus ihrer aktuellen Situation.

Die **Nieren** sind das wichtigste Organ zur Ausscheidung von Gift- und Abfallstoffen. **Ödeme** und **Wassersucht** gehen auf eine schlechte Nierenfunktion zurück. Nierenleiden kommen manchmal bei sehr autoritären Personen zum Ausdruck, die alle Entscheidungen selbst und allein treffen wollen. In der Regel treten sie jedoch besonders bei Menschen auf, die ihre Meinung nicht offen zum Ausdruck bringen. Auch wenn sie fürchten, andere dadurch zu verletzen, so sollten sie doch nicht alles für sich behalten. Es fällt ihnen schwer, Entscheidungen zu treffen, und sie leiden manchmal unter einem Minderwertigkeitskomplex. Sie haben keinerlei Autorität, fühlen sich völlig machtlos und sind recht ängstlich. Sie scheuen Probleme und können ihr Leben nicht selbst in die Hand nehmen. Sie haben oft das Gefühl, ihr ganzes Leben lang Unrecht über sich ergehen zu lassen, dem sie früher wie heute machtlos ausgeliefert sind. Ihrer Ansicht nach waren schon ihre Eltern und später das ganze Leben ungerecht mit ihnen. Deshalb kritisieren sie nun selbst alles und jeden. Hast du Nierenprobleme, so solltest du zuerst erkennen, dass du die Macht hast, über dein eigenes Leben zu entscheiden. Dein Gefühl der Machtlosigkeit, des Mangels oder Übermaßes an Autorität geht auf Entscheidungen zurück, die du früher einmal in deinem Leben getroffen hast und die dir heute nicht mehr nützen.

Nierensteine deuten auf eine lange Vorgeschichte der oben erläuterten Problematik hin. Die betroffene Person versucht vergeblich, sich abzuhärten, indem sie ihre Gefühle verdrängt.

Zu **Nierenentzündungen** kommt es bei Menschen, die Enttäuschungen und Fehlschläge zu ernst nehmen. Durch alle Erfahrungen unseres Lebens können wir etwas lernen.

Auch auf generelle **Niereninsuffizienz** treffen obige Beschreibungen in ihren extremsten Formen zu. Die Betroffenen halten sich oft für absolute Versager.

Harninkontinenz tritt oft in Form von **Bettnässen** bei Kindern auf, die Angst vor der elterlichen Autorität und vor Strafen haben. Meist fürchten sie den Vater, den sie so sehr lieben, dass schon der kleinste Tadel von ihm sie hart trifft. Solchen Kindern kann man nicht oft genug sagen, dass man sie liebt und ihnen wirklich vertraut. Tritt dieses Problem bei Erwachsenen auf, so erinnert sie meist eine bestimmte Situation oder Person an ihre Kindheit.

Zu **Harnleiterentzündungen** kommt es vor allem bei Leuten, die anderen, insbesondere ihrem Lebenspartner, ständig Vorwürfe machen. Es ist höchste Zeit, dass sie die Verantwortung für alles übernehmen, was ihnen widerfährt. Wir alle ernten lediglich, was wir gesät haben. Sind sie mit dieser Ernte nicht zufrieden, dann müssen sie ihr Verhalten im Vorfeld ändern.

Bauchschmerzen sind immer ein Zeichen von Angst, insbesondere der Angst, etwas oder jemanden zu verlieren.

Eine **Bauchfellentzündung** geht auf großen unterdrückten Zorn bei unflexiblen, steifen Menschen zurück, die alles kontrollieren wollen. Die damit verbundenen, sehr intensiven Schmerzen lassen auf das Ausmaß der ihnen zugrunde liegenden Schuldgefühle schließen, die meist völlig unbewusst sind. Das ist auch der Grund dafür, weshalb der Körper zu solch vehementen Mitteln greift, um sich Gehör zu verschaffen und den Betroffenen auf den Pfad der Liebe zurückzubringen. Er verlangt nach einer wesentlich toleranteren und flexibleren Liebe als bisher.

Die Problematik von **Blasenleiden** deckt sich im Großen und Ganzen mit derjenigen von Nierenleiden. Hier handelt es sich vor allem um ängstliche Menschen, die sehr an ihren althergebrachten Ansichten hängen.

Die meisten Erkrankungen der **Geschlechtsorgane** zeugen von sexuellen Schuldgefühlen. Die Sexualität wird in unseren Tagen immer egoistischer. Viele schlafen nur zur persönlichen Befriedigung anstatt aus Liebe miteinander. Die einen wollen geliebt werden, die anderen reizt allein das Vergnügen am Sex. In ihrem tiefsten Inneren wissen jedoch alle, dass es mit der Sexualität weit mehr auf sich hat, weshalb sie sich unbewusst Vorwürfe machen. Aber auch bei Menschen, die lieber mit einem anderen Geschlecht auf die Welt gekommen wären, kommt es zu Problemen auf dieser Ebene: Ein Junge wäre vielleicht lieber ein Mädchen (und umgekehrt) geworden, weil er schon sehr früh meinte, er hätte auf diese Weise mehr Liebe von seinen Eltern oder aus seiner näheren Umgebung bekommen.

Frauen, für die Sex zu einem Mittel des Handels, der Macht oder des Schlagabtausches mit dem Partner wird, leiden häufig an einer **Scheidenentzündung**. Diese Erkrankung dient ihnen dann als Entschuldigung dafür, eine gewisse Zeit lang keinen Sex zu haben, oder als Druckmittel, um den Partner zu bestrafen. Auch dies ist eine Version von egoistischer Sexualität.

Weißfluss tritt vor allem bei Frauen auf, die meinen, keinerlei Macht über Männer auszuüben, oder die wütend auf ihren Mann sind.

Probleme an **Eierstöcken** und **Uterus** betreffen besonders Frauen, die nicht genügend Kreativität einsetzen, um bestimmte Dinge oder ihr Leben im Allgemeinen nach ihren eigenen Wünschen zu schaffen.

Menstruationsprobleme deuten auf die Ablehnung der eigenen Weiblichkeit hin. Sie können auch bei Frauen auftreten, die lieber in der Haut eines Mannes stecken würden, die ihre feminine Seite ablehnen oder aber das Bild der „aktiven Frau" abgeben wollen, indem sie vor allem ihren männlichen Aspekt unterstreichen. Sie glauben, alles selbst machen zu können und zu müssen, vor allem jedoch ohne männlichen Beistand. Sie wollen vor allem die Abhängigkeit von Männern vermeiden. Trotzdem sehnen sie sich nach einer männlichen Präsenz in ihrem Leben. Manche Frauen mit Menstruationsproblemen finden Sex auch „sündhaft", „böse" oder „tierisch". All ihre Ängste und Schuldgefühle hindern sie daran, ihre Sexualität auszuleben. Sie müssen unbedingt lernen, dass alle Vorgänge in ihrem Körper vollkommen natürlich sind, also auch ihr sexuelles Verlangen, ihre Weiblichkeit und die Sexualität im Allgemeinen. Sie sollten sich das Recht zugestehen, das Bedürfnis nach einem Mann in ihrem Leben zu haben. Stellen sie ihr maskulines Gehabe ein, so schaffen sie dafür auch den nötigen Platz.

Eine **Fehlgeburt** zeugt meist von Zukunftsängsten oder einfach auch davon, dass eine Frau nicht bereit ist, Kinder zu bekommen. Eine Fehlgeburt kann aber durchaus auch von der Seele des Kindes hervorgerufen werden, die sich schließlich für einen anderen Zeitpunkt oder andere Eltern entschieden hat.

Probleme in den **Wechseljahren** gehen auf Ängste hin, zu altern und nicht mehr geliebt zu werden. Sie kommen von der Überzeugung, dass Frauen mit dem Alter unnütz und uninteressant werden. Wir sollten erkennen, dass uns unsere Lebenserfahrung ganz im Gegenteil neue Möglichkeiten und eine größere Weisheit eröffnet. Nicht das Alter macht den Unterschied, sondern das, was wir aus unseren verschiedenen Lebensphasen machen.

Auch **Herpes** im Bereich der Geschlechtsorgane geht auf sexuelle Schuldgefühle zurück. Die betroffenen Personen ekeln sich vor dem anderen Geschlecht, machen sich jedoch Vorwürfe dafür. Sie sollten überprüfen, woher dieser Ekel stammt, und mit ihrem Partner darüber reden. Anstatt sich für ihre Haltung zu bestrafen, können sie lernen, auch diesen Teil des menschlichen Körpers zu lieben.

Geschlechtskrankheiten bei Männern wie bei Frauen haben in der Regel dieselbe Bedeutung wie Herpes in dieser Region.

AIDS ist die Krankheit sexueller Schuldgefühle schlechthin. Die Selbstverneinung kann bis zu der Überzeugung gehen, es nicht zu verdienen zu leben. Aidskranke halten sich nicht für gut genug oder für schmutzig und versuchten dies durch ihr Sexualleben wettzumachen.

Unfruchtbarkeit kann auf Angst oder Widerstand gegenüber dem Gedanken, ein neues Leben hervorzubringen, zurückgehen. Sie kann aber auch einfach bedeuten, dass man in diesem Leben nicht die Erfahrung des Elterndaseins zu machen braucht. In diesem Fall ist es sicherlich ratsam, dem Leben zu vertrauen und auf seinen inneren Gott zu hören, um festzustellen, ob der Kinderwunsch zu unserem Guten ist. Das Wichtigste ist, sich selbst zu akzeptieren und so lieben zu lernen, wie man ist.

Sexuelle Frustration beruht meist auf einer sehr strengen Erziehung in Fragen der Sexualität. Für die Betreffenden sind die Geschlechtsorgane sündhaft und schmutzig.

Impotenz beim Mann ist ein Zeichen für große Spannungen und Schuldgefühle. Das kann durchaus auch auf Verbitterung gegenüber einer Partnerin in einer früheren Beziehung zurückgehen. Der übergroße sexuelle Druck kann jedoch auch auf unbewussten Ängsten beruhen, seiner eigenen Mutter zu missfallen, die als stets gegenwärtig empfunden wird. Hier ist ein starker Ödipuskomplex nie ganz überwunden worden.

Prostatabeschwerden treten vor allem bei alternden Männern auf, die fürchten und sich schuldig fühlen, nicht mehr dieselbe Sexualenergie aufbringen zu können. Sie meinen, dadurch ihre Männlichkeit zu verlieren. Bewertet sich ein Mann nach seinen sexuellen Fähigkeiten, so will er diese mit allen Mitteln durch große Taten unter Beweis stellen. Es fällt ihm daher sehr schwer, sein Altern und den Rückgang seiner Libido zu akzeptieren. Sein Körper will ihm sagen, dass er seinen menschlichen Wert an der falschen Stelle sucht.

Erkrankungen der **Hoden** deuten darauf hin, dass der Mann seine Männlichkeit, bzw. das männliche Prinzip nicht akzeptiert (siehe Seite 146).

Endometriose ist eine äußere **Wucherung der Gebärmutterschleimhaut.** Hier ist die zuvor unter Menstruationsbeschwerden erläuterte Problematik noch akuter. Sehr oft sind auf –ose endende Erkrankungen sehr tief verwurzelt und gehen auf unsere früheste Kindheit oder sogar auf frühere Leben zurück. Manchmal besteht hier ein Kinderwunsch, der jedoch von der Angst vor dem Gebären unterdrückt wird. Die davon betroffene Frau verschafft sich hierdurch eine Entschuldigung nicht schwanger zu werden. In diesem Fall ist es wichtig, sich dieser Angst bewusst zu werden und zu erkennen, dass sie auf nachteilige Überzeugungen zurückgeht.

Die beiden ersten Körperregionen gehören der physischen Ebene an.

Dritte Zone: Die Region des Solarplexus

Diese Zone reicht vom Bauchnabel bis etwa zu den Brustwarzen. Im Rücken entspricht dies den fünf **Lendenwirbeln.** In dieser Region liegen Leber, Magen, Milz, Bauchspeicheldrüse und Zwölffingerdarm, also der Großteil des Verdauungsapparates.

Im Bereich des Solarplexus erfahren wir, was sich in unserem Gefühlsleben abspielt. Er ist der Sitz der Emotionen, Wünsche und … des Intellekts. Probleme in dieser Region lassen darauf schließen, dass unsere Wünsche mehr auf „Belohnungen" der physischen Ebene als auf die Verbesserung unseres Wesens ausgerichtet sind. Die ständigen Erwartungen, geliebt werden zu wollen, anstatt selbst zu lieben, führen schließlich zu Hass, Groll, Neid und Possessivität. Viele Menschen, die Zorn unterdrücken, sich angegriffen fühlen und ständig das Gefühl haben, sich verteidigen zu müssen, haben oft Probleme in dieser Körpergegend. Für diese Wut sind sie jedoch selbst verantwortlich, da sie nicht in der Lage sind, für ihre Wünsche einzustehen.

Auch Menschen, die ihren Verstand nur im eigenen Interesse und nicht für ihre Nächsten einsetzen, erkranken oft auf dieser Ebene. Je mehr wir die Dinge mittels unserer Meinungen und althergebrachter Ansichten analysieren, desto mehr Emotionen lösen sie in uns aus. Akzeptieren wir die anderen, so wie sie sind, kommt es gar nicht erst dazu. Unser Verstand sollte uns dazu dienen, neue Erkenntnisse zu erwerben und neue Informationen zu begreifen. Er wurde uns gegeben, um unser Bewusstsein zu erweitern und uns ständig weiterzuentwickeln. Wir sollten unseren Intellekt nie dafür einsetzen, um zu versuchen, andere nach unseren Vorstellungen zu verändern.

Rückenschmerzen auf Höhe der fünf Lendenwirbel und der sogenannte **Hexenschuss** deuten darauf hin, dass wir das Gefühl haben, einer aktuellen Situation machtlos gegenüberzustehen. Am liebsten würden wir jemandem unsere Meinung sagen. Wir sind verbittert und verzweifelt, weil wir es dann doch nicht tun. Die Vorstellung, andere um Hilfe bitten zu müssen, erniedrigt uns ebenfalls. Unser Körper schickt uns unsere Rückenprobleme, um uns mitzuteilen, dass wir uns dieses Gefühl der Machtlosigkeit zu sehr zu Herzen gehen lassen. Wir sollten wieder die Verbindung zur Quelle der Schöpfungsenergie herstellen, die uns helfen wird, klar zu definieren, was wir eigentlich wirklich wollen. Mit ihrer Hilfe wird es uns auch gelingen, es zu visualisieren und in jeder Zelle unseres Wesens zu spüren und schließlich auch die notwendigen Schritte zu seiner Verwirklichung zu unternehmen. Brauchen wir dazu die Unterstützung anderer, so müssen wir lernen, unmissverständlich darum zu bitten, anstatt zu warten, dass sie uns durch die telepathischen Gaben unserer Mitmenschen zuteil wird.

Der **Ischiasnerv** ist der längste Nerv des menschlichen Körpers. Er geht von den Lendenwirbeln über das Gesäß und die Beine bis in die Füße. Eine Neuralgie dieses Nervs ist ein Zeichen für Geldängste oder Angst vor einer unsicheren Zukunft. Um festzustellen, wie sehr du von Geld abhängst und in seiner Macht stehst, solltest du dich fragen, was du tun würdest, wenn du von heute auf morgen all dein Hab und Gut verlieren würdest. Vor allem Menschen, die sich selbst vormachen, dass Geld und Besitz nur eine Nebenrolle in ihrem Leben spielen, leiden am „Ischias". Die Botschaft ist eindeutig: Es ist höchste Zeit, dir klar darüber zu werden, dass wahre Sicherheit in deinem Inneren und nicht in äußeren Besitztümern zu suchen ist.

Zu einer **Bandscheibenverschiebung** kommt es vor allem, wenn wir das Gefühl haben, nicht genug unterstützt zu werden. Diese Unsicherheit stellt in der Folge all unsere Entscheidungen in Frage. Wir müssen lernen, uns mehr zu vertrauen und fest daran glauben, dass die nötige Unterstützung sich einfinden wird, wenn wir sie brauchen.

Eine **Skoliose** (eine seitliche Verbiegung der **Wirbelsäule**) findet sich vor allem bei Menschen, die meinen, alle

Probleme der Welt bewältigen zu müssen. Sie fühlen sich macht- und hoffnungslos. Ihr Körper rät ihnen, die Dinge nicht alle auf einmal anzupacken und sich so viel Freude am Leben wie nur möglich zu gestatten. Dabei sollen sie versuchen, sich möglichst groß, fähig und frei zu fühlen.

Zu **Leberproblemen** kommt es vor allem bei häufig unzufriedenen Personen, denen es schwerfällt, die anderen zu akzeptieren, und die sie deshalb ständig kritisieren und beurteilen. Sie stauen sehr viel Zorn in sich auf, weil sie in ihrem Inneren wissen, dass sie genau die Seiten an ihren Mitmenschen kritisieren, die sie an sich selbst nicht akzeptieren. Lange aufgestaute Wut führt jedoch unweigerlich zur Leberkrise. Leberleiden finden sich auch bei traurigen, leicht reizbaren, neidischen und eifersüchtigen Menschen, denen diese Gefühle jegliche Lebensfreude rauben. Hinter all diesen Problemen verbirgt sich oft die Weigerung, sich wirklich um ihre eigene Entwicklung bemühen zu wollen, da sie die Notwendigkeit der Selbstentfaltung noch nicht erkannt haben. Alle Leberleiden haben ein und dieselbe Botschaft: Du brauchst dich nicht so ins Zeug zu legen, um geliebt zu werden. Liebe und akzeptiere dich, wie du bist. Bringe deine Wünsche zum Ausdruck und hör auf damit, immer die Zustimmung und Anerkennung deiner Nächsten zu benötigen, um dich glücklich fühlen zu können.

Gallensteine finden sich häufig bei kämpferischen, entschlossenen Typen, die vorwärtskommen wollen, sich in ihrem Elan aber von ihrer Umgebung bremsen lassen. Das macht sie unzufrieden und aggressiv. Schreiten sie schließlich doch zur Tat, sind sie sehr verunsichert. Manchmal handelt es sich auch um Menschen, denen es an Mut oder Entscheidungskraft fehlt, ihre Ideen in die Tat umzusetzen. Gallensteine stehen auch für harte Gedanken.

Zu **Hepatitis** kommt es bei Menschen, die sich über jede Kleinigkeit aufregen und die sehr nachtragend und jähzornig sind.

Auch die **Gelbsucht** steht in Zusammenhang mit „geschluckter Wut", Enttäuschung und jeder Form von Verdrängung.

Magenbeschwerden sind hingegen charakteristisch für Personen, die nicht in der Lage sind, neue Ideen zu akzeptieren oder aufzunehmen, und auch nicht akzeptieren wollen, dass es manchmal nicht ohne Verstimmungen oder Sorgen geht. Auch solche Unannehmlichkeiten müssen wir akzeptieren und so gut wie möglich in unsere Lebenserfahrungen integrieren.

Dasselbe gilt bei **Magenschleimhautentzündung (Gastritis),** bei der jedoch noch Zorn über eine lange während Unsicherheit hinzukommt.

Bei einer **Magen-Darm-Grippe (Gastroenteritis)** handelt es sich um eine Doppelbotschaft. Hier sollten sowohl die Ausführungen über Gastritis als auch über Durchfall in Betracht gezogen werden. Sie betrifft demnach vor allem überempfindliche Menschen, die eine bestimmte Situation oder Person nicht „verdauen" konnten und sich selbst ziemlich vehement zurückweisen. Sie sollten lernen, weniger von den anderen abzuhängen, sich selbst so zu lieben, wie sie sind, und die anderen sie selbst seinlassen.

Bei **Verdauungsbeschwerden** sollten wir uns folgende Frage stellen: „Wen oder was kann ich in meinem augenblicklichen Leben einfach nicht verdauen und akzeptieren?"

Auch hier sollen wir darauf aufmerksam gemacht werden, uns selbst mehr Liebe zukommen zu lassen. Menschen, die immer meinen, die anderen seien im Unrecht und sich ständig angegriffen fühlen, sollten lernen, andere Ansichten und Wünsche hören zu können, ohne sich dadurch bedroht zu fühlen.

Zu **Verdauungsstörungen** kommt es, wenn wir etwas oder jemanden wirklich satt haben und sich unser Inneres dagegen auflehnt, weil wir an unsere Grenzen gelangt sind. Bevor es so weit kommt, solltest du dich der betroffenen Person mitteilen. Geht es eher um eine Situationen, so solltest du alles in die Wege leiten, um sie zu regeln.

Erbrechen ist in der Regel die Ablehnung einer Person oder Situation. Wer oder was bereitet dir augenblicklich Probleme? Welche Angst hindert dich daran, sie zu verdauen? Hattest du die erbrochene Nahrung schon vor mehreren Stunden zu dir genommen, so ist dies ein Zeichen einer inneren Aufräumaktion, die einem bereits gelösten inneren Konflikt folgt.

Zu **Sodbrennen** kommt es, wenn etwas oder jemand uns gegen den Strich geht und wir uns dabei machtlos fühlen oder zornig sind. Wir sollten daher die Nachricht unseres Körpers zur Kenntnis nehmen, dass wir keine Angst mehr haben sollten, für unsere Wünsche und Bedürfnisse einzustehen, und dass wir akzeptieren sollten, dass unsere Nächsten anders sind als wir und demnach auch andere Bedürfnisse haben.

Magengeschwüre oder **Geschwüre am Zwölffingerdarm** zeigen einem Menschen, dass er sich von innen her auffressen lässt. Die Ereignisse sind bei weitem nicht so dramatisch wie in seinen Augen. Er erträgt viel Stress, Sorgen und Ärger, weil er sich alles viel zu sehr zu Herzen gehen lässt. Er muss unterscheiden lernen, was wirklich in seinem Leben zählt. Wahrscheinlich macht er sich Selbstvorwürfe und urteilt sehr streng über sich selbst. Dadurch wird er reizbar und ungeduldig mit den anderen. Sein Körper versucht ihm zu sagen: „Fang damit an, dir selbst Komplimente zu machen! Sieh doch all deine positiven Eigenschaften und genieße dein Leben ein bisschen mehr!" Schritt für Schritt werden die Emotionen einem großen Wohlbefinden Platz machen.

Angstzustände gehen auf die Unfähigkeit zurück, uns von der Vergangenheit zu lösen, weil wir fürchten, etwas Unangenehmes könne sich dann wiederholen. Die Angst wird oft als Knoten im Bauch erfahren. Dann sollten wir ein paar Mal tief durchatmen und aufhören, die Vergangenheit durch unsere Sorgen zu nähren, um die Gegenwart in Freude und Dankbarkeit erleben zu können.

Eine **Lebensmittelvergiftung** zeugt von großem Ärger über eine bestimmte Person. Auf diese Weise kommen unsere giftigen Gedanken zum Ausdruck. Es ist keineswegs ein Zufall, dass gerade wir die verdorbenen Lebensmittel zu uns genommen haben. Ist dir vielleicht aufgefallen, dass nur ein einziger aus eurer Runde vergiftet wurde, obwohl alle doch dasselbe gegessen haben? Jetzt hast du die Erklärung dafür.

Die **Bauchspeicheldrüse** ist ein wichtiges Verdauungsorgan. Sie scheidet Insulin aus, das unseren Blutzuckerspiegel stabilisiert. Bei **Hypoglykämie** ist dieser Blutzuckerwert zu niedrig. Dazu kommt es häufig bei Personen, die keine richtige Freude am Leben haben und es nicht „süß" genug finden. Zucker steht bei vielen für Belohnung, Zärtlichkeit, Zuneigung und Liebesbekundung. Den meisten fehlt es heute an dieser Liebe, Zärtlichkeit und Zuneigung, die sich eigentlich alle wünschen. Ob diese Liebe aber wirklich von außen kommen wird? Ist das nicht der Fall, belohnen wir uns mit Süßigkeiten. Menschen, die oft an Hypoglykämie leiden, finden sich nur schwer in ihrem Leben zurecht, machen sich viele Sorgen und sind böse auf ihre Nächsten, wenn diese nicht ihren Erwartungen entsprechen. Ihr Körper sagt ihnen, dass es höchste Zeit ist, auch die unerwünschten Ereignisse ihres Lebens akzeptieren zu lernen und sich besser den Gegebenheiten anzupassen, die sie bewusst oder unbewusst selbst geschaffen haben. Sie sollten sich mehr Komplimente machen und sich öfter belohnen, indem sie auf ihre Wünsche hören, anstatt immer anderen Freude machen zu wollen, um deswegen geschätzt und geliebt zu werden.

Auch **Diabetes** geht auf eine schlecht funktionierende Bauchspeicheldrüse und somit auf das Gefühl zurück, nicht genug geliebt zu werden. Diabetikern fällt es schwer, Dinge zu empfangen, und sie meinen es nicht zu verdienen, Freude am Leben zu haben. Sie leiden – oft völlig unbewusst – an tiefer Traurigkeit. Als Ausgleich ist ihnen sehr danach, Zucker, Teigwaren und alle anderen Nahrungsmittel zu essen, die in ihrem Körper Glukose produzieren. Sie sind überzeugt von einem chronischen Mangel an Zuneigung, oft auch an finanziellen Mitteln. Da wir alle ernten, was wir säen, ist es auch für sie an der Zeit zu erkennen, dass sie diesen Mangel an Liebe nur überwinden können, wenn sie selbst beginnen, anderen ihre Zuneigung entgegenzubrin-

gen. Fehlt ihnen Geld, so sollten sie damit beginnen, großzügig zu sein. Und all das ohne Erwartungen!

Die Botschaft einer **Bauchspeicheldrüsenentzündung**
ähnelt derjenigen von Diabetes und Hypoglykämie, die hierbei noch durch Zorn und Frustration ergänzt wird. Alle
Probleme mit der Bauchspeicheldrüse sollen uns klarmachen, dass wir pausenlos nach Anregung von außen suchen,
um uns wohl in unserer Haut zu fühlen. Geh deinen Wünschen und Bedürfnissen auf den Grund und beginne, sie in
die Tat umzusetzen. Das soll dir eine neue Anregung sein!

In der **Milz** werden Hämoglobin, Gallenpigmente und
Antikörper erzeugt. Probleme mit diesem Organ zeugen
davon, dass die Lebensfreude nicht richtig in deinem Körper zirkuliert. Willst du sie kennenlernen, so musst du deine
Wünsche akzeptieren und zum Ausdruck bringen, anstatt
dich dafür schuldig zu fühlen. Menschen mit Milzproblemen
neigen zu Depression, gehen bei allem extrem ins Detail und
sind oft besessen von ganz bestimmten Ideen, was ihnen die
Lebenslust raubt. Paradoxerweise lachen sie recht oft und tun
so, als ob das Leben ein Spiel für sie sei. In Wahrheit erleben
sie es jedoch als Drama.

Das **Pfeiffer-Drüsenfieber (Mononukleose)** kommt bei
Menschen vor, die sich sehr schuldig fühlen und sich diese
Erkrankung zugezogen haben, um sich eine Pause oder weitere Zugeständnisse zu verschaffen. Diese Krankheit steht in
direktem Bezug zu einer durch sie vergrößerten Milz. Sie
kommt auch vor, wenn Personen ständig das Leben oder
andere Menschen abwerten oder erniedrigen und immer
etwas an ihnen auszusetzen haben – auch wenn sie das nicht
unbedingt in Worten zum Ausdruck bringen. Sie sollten ver-

suchen, sich selbst einmal mit den Augen der anderen zu sehen und zu lernen, das Leben zu lieben.

Vierte Zone: Die Herzregion

Diese Zone umfasst die **zwölf Brustwirbel** zwischen mittlerem Rücken und Nacken, was dem Bereich zwischen Brustwarzen und Halsansatz entspricht. Die Energie des Herzens dient der Liebe und dem Mitgefühl und nicht der Kritik an sich selbst und den anderen. Je mehr wir uns selbst kritisieren, desto mehr Vorwürfe machen wir auch unseren Mitmenschen, wodurch gerade diese Körperzone sehr in Mitleidenschaft gezogen wird. Die Energie des Herzens vergibt uns und den anderen.

Alle Probleme des **Herzens** sind ein Zeichen von mangelnder Freude. Menschen mit Herzerkrankungen lassen ihr inneres Kind nie zu Wort kommen. Sie glauben an die Anstrengung, leben ständig im Stress und sind oft frustriert. **Sie verspüren das Bedürfnis, andere zu lieben, um glücklich zu sein, anstatt einfach zu lieben, weil sie glücklich sind.** Ihr Körper versucht ihnen mitzuteilen, dass sie nicht auf die Bedürfnisse ihrer Gefühle achten. Sie sollten lernen, mehr Liebe und Lebensfreude in ihr Leben zu bringen und den anderen zu verzeihen.

Beklemmungen in der Brust- und Herzgegend kommen bei Leuten vor, die sich selbst nicht genug Liebe entgegenbringen und von anderen (meist dem Partner) abhängen, um sich geliebt zu fühlen. Die Beklemmungen treten verstärkt beim Verlust dieses Partners – oder bei der Befürchtung, ihn verlieren zu können – auf. Beim Ausbleiben des erhofften Glücks erleben sie starke Frustration. Ihr

Herz versucht ihnen mitzuteilen: „Schenke dir mehr Liebe, glaube an dich, mach dir mehr Komplimente, sieh deine Vorzüge, nicht deine Nachteile! So wirst du die anderen nicht mehr brauchen, um zu wissen, dass du liebenswert bist.

Angina Pectoris oder **Brustenge** ist eine Durchblutungsstörung des Herzens. Sie zeugt davon, dass wir uns die Dinge viel zu sehr zu Herzen nehmen und nicht fröhlich genug sind. Hier ist der Blutkreislauf gestört, der für unsere Lebensfreude steht. Nimm doch das Leben auch mal von der leichten Seite!

Durch **Herzklopfen** will unser Herz Aufmerksamkeit erregen, um uns mitzuteilen, dass wir uns mehr um uns selbst kümmern und aufhören sollten, uns abzuwerten. Die Botschaft ist klar: „Liebe dich, mache dir Komplimente und keine Vorwürfe!"

Die Problematik von **Herzrhythmusstörungen** entspricht im Großen und Ganzen der oben beim Herzen erläuterten. Die Nachricht ist hier etwas nuanciert, da es sich um eher wankelmütige Menschen handelt, die zwischen himmelhoch jauchzend und zu Tode betrübt schwanken. Auch sie sollten sich selbst lieben lernen und ihre Gemütsschwankungen zugestehen.

Ein **Herzinfarkt** ist das Resultat eines Lebens, in dem Macht und Geld immer vor den Freuden des Herzens standen. Das Herz ruft um Hilfe, weil es dieses Leben satt hat: „Ich will lieben und geliebt werden!"

Zu **Übelkeit** kommt es, wenn wir „am Leben leiden" fürchten, die aktuelle Situation könne unsere Zukunft oder unsere Lebensfreude beeinträchtigen. Ein typisches Beispiel dafür ist Übelkeit in der Schwangerschaft.

Arteriosklerose geht auf Ablagerungen an den Gefäß-
wänden zurück, die bei Menschen auftreten, die zu hohe
Erwartungen an ihre Mitmenschen stellen und wütend
sind, weil diese nie erfüllt werden. Ihr Körper bittet sie, ihr
Hauptaugenmerk von nun ab auf ihre und auf die positiven
Seiten der anderen zu richten und das Leben mit mehr
Freude und Flexibilität zu genießen.

Auch **Schmerzen im oberen Rückenbereich** deuten auf
Zorn wegen übergroßer Erwartungen hin. Solche Menschen
sollten lernen, ihre Bedürfnisse klarer zum Ausdruck zu bringen, anstatt ihre Wut in sich hineinzufressen. Sie fühlen sich
außerstande, selbst für ihre affektiven Bedürfnisse aufzukom-
men und meinen, die anderen würden alles Mögliche für sie
tun, wenn sie diese wirklich gern hätten. Nehmen wir das
Beispiel der Mutter, die davon ausgeht, dass ihr Mann und
ihre Kinder sich mehr um sie kümmern sollten, da sie sich ja
um den ganzen Haushalt kümmert. Entsprechen jene jedoch
nicht ihren Erwartungen, so ist sie böse auf sie, und findet
ihr Leben schwer erträglich. Dasselbe gilt für den Ehemann,
der meint, man sei ihm alles schuldig, weil er die ganze Woche lang arbeitet, sein Gehalt brav zu Hause abliefert, nicht
raucht und seine Frau nicht betrügt … So ähnlich sehen
also unsere Erwartungshaltungen aus. Unser Körper sagt uns,
dass wir beginnen sollten, uns und unsere Nächsten wirklich
zu lieben. Wir müssen akzeptieren, dass wir alles nach unserem besten Wissen und Gewissen tun und dass jeder nach
seinen Möglichkeiten handelt, weswegen wir andere auch
nicht ständig kritisieren oder beurteilen sollten. Außerdem
sollten wir lernen, unsere Bedürfnisse klarer zu formulieren,
und nicht davor zurückscheuen, andere um Hilfe zu bitten.

Zu **Schulterschmerzen** kommt es, wenn wir uns zu viel Liebeslast aufladen und uns für das Glück unserer Nächsten verantwortlich fühlen. Sehr oft ist das gar nicht unsere eigene Last, die wir da auf unseren Schultern tragen. Wir meinen, die Probleme unserer Mitmenschen regeln zu müssen, während wir eigentlich lernen sollten, ihnen mehr Platz zu lassen. Wir können viele Aufgaben an andere delegieren oder sie sich selbst um ihr eigenes Glück kümmern lassen. Schulterprobleme stehen oft auch in Zusammenhang mit Ängsten vor einer unsicheren Zukunft, die wie ein Damoklesschwert über uns hängt. Gelingt es uns, im Hier und Jetzt zu leben, werden wir sie überwinden.

Wir benutzen unsere **Arme,** um zu arbeiten, andere zu umarmen oder neue Situationen anzupacken. Schmerzen in den Armen können also bedeuten, dass uns die Arbeit zurzeit nicht mit Freude von der Hand geht. Vielleicht ist die Zeit gekommen, uns eine neue Arbeit zu suchen oder die guten Seiten an unserer augenblicklichen Aufgabe zu sehen und mehr Liebe in sie zu investieren, was sich ziemlich schnell in Erfolg wandelt.

Vielleicht stehen wir auch einer völlig neuen Situation gegenüber, die wir nur schwer akzeptieren können. Unsere Arme wollen uns hier sagen, dass wir sie ohne Bedenken und in Zuversicht auf uns zukommen lassen können. Vielleicht umarmen wir unsere Nächsten auch einfach nicht genug. So fällt es manchen Vätern bisweilen schwer, ihre Söhne in die Arme zu nehmen, um ihnen ihre Zuneigung zu zeigen. Andere zu umarmen kann alle möglichen Probleme lösen oder im Keim ersticken.

Manchmal zeugen Schmerzen in den Armen auch von Zweifel an unseren Fähigkeiten. Hier will unser Körper uns zu mehr Selbstvertrauen treiben. Manchmal gehen sie auch darauf zurück, dass wir fürchten, nicht mehr der **rechte Arm** einer bestimmten Person zu sein oder diese Rolle nicht mehr gut genug bewerkstelligen zu können. Wir sollten unbedingt überprüfen, ob diese Ängste berechtigt sind. Am besten stellst du dir jemand anderen bei deiner Arbeit vor. Beobachtest du diese fiktive Szene als objektiver Betrachter, so wirst du sehen, dass du deine Arbeit sogar recht gut machst. Die Arme befinden sich auf der Ebene des Herzens. Damit diese Region in Harmonie ist, müssen wir lernen, uns zu bewundern, anstatt uns zu kritisieren.

Eine **Schleimbeutelentzündung** am Arm geht auf unterdrückte Wut zurück. Hättest du Lust, jemanden zu schlagen? Was könntest du nicht mehr tun, wenn du diesen Arm nicht mehr hättest? Die Antwort auf diese Frage sollte dir dabei helfen, die Ursache deines Problems zu finden. Sehr oft hat sie mit unserer Arbeit zu tun. Dein Körper versucht dir mitzuteilen, dass du dich an die aktuellen Ereignisse und deine Arbeitskollegen anpassen und dir mehr Freude verschaffen solltest.

Die **Ellbogen** sind die beweglichen Achsen des Armes. Schmerzen an dieser Stelle sind ein Zeichen für mangelnde Flexibilität in einer neuen Situation. Das kann auf die Angst zurückgehen, in dieser Situation in der Klemme zu sitzen. Das hindert uns daran, der Situation locker zu begegnen und sich auf sie einzustellen.

Wir verwenden unsere **Hände**, um zu berühren, zu ergreifen, zu arbeiten, zu geben und zu nehmen. Bei Problemen mit den Händen solltest du also zuerst überprüfen, wozu du sie gerade am meisten brauchst. Arme und Hände sind eine Verlängerung des Herzens. Sie sind ausgewogen, wenn wir sie im Sinne der Liebe einsetzen. Die linke Seite ist die Seite des Nehmens. Nimmst du in Liebe oder denkst du sofort, dass du etwas dafür zurückgeben musst? Die Dinge, die du bekommst, sind dir zugedacht. Du hast ein Recht auf sie. Du hast das Recht, durch Empfangen glücklich zu sein. Deine rechte Seite ist die Seite des Gebens und sollte auf dieselbe Weise eingesetzt werden: ohne Erwartungen und mit offenem Herzen. Das Herz gibt, aber braucht die Hände dazu. Wenn du gibst, so erwarte keine Belohnungen oder einen Ausgleich dafür. Tu es, weil du anderen gern eine Freude machst. Glückliche Hände wollen liebevoll berühren und angenehme Dinge tun, wie z.B. ein Instrument spielen.

Probleme am **Handgelenk** deuten auf einen Mangel an Flexibilität hin. Frage dich, was du mit der betreffenden Hand tust, um festzustellen, in welchem Bereich du nicht flexibel genug bist. Bei der rechten Hand handelt es sich oft um deine Art zu geben, bei der linken um deine Art zu nehmen. Eine Blockierung der normalen Funktionstüchtigkeit des am Handgelenk lokalisierten **Karpaltunnels** tritt vor allem bei Menschen auf, die mit ihren Händen Dinge tun möchten, um ihren Wert zu beweisen und dabei ihre Grenzen überschreiten.

Probleme an den **Fingern** – von Ausschlägen über Warzen bis hin zu Schnittwunden oder Brüchen – stehen für Sorgen in der Gegenwart. Dabei kommt jedem Finger eine bestimmte Bedeutung zu:

Der **Daumen** steht für ein Übermaß an geistiger Arbeit und Zweifel und Sorgen darüber, eine entscheidende Hilfe zu geben oder zu bekommen, Die Botschaft bei Problemen? Nimm die Dinge mit Lachen und hör auf, alles zu dramatisieren.

Ein Problem am **Zeigefinger** ist ein Zeichen von Stolz oder Angst. Die typische Belehrungshaltung ist der erhobene Zeigefinger. Geschieht dies in der Absicht, andere zu verändern, so kann das Probleme bei diesem Finger hervorrufen. Dahinter verbergen sich oft Ängste. Die Nachricht dahinter lautet: „Hör auf, bei jeder Kleinigkeit recht haben zu wollen!"

Der **Mittelfinger** steht für Zorn und Sexualität. Probleme an diesem Finger könnten besagen, dass du wütend auf dein Sexualleben bist oder dir Sorgen um Nichtigkeiten machst.

Der **Ringfinger** symbolisiert Bindungen und Kummer. An diesem Finger werden Verlobungs- und Ehering getragen. Verletzt du diesen Finger, so bekümmert dich wahrscheinlich deine Beziehung. Dieser Kummer geht jedoch auf Details zurück, die es nicht wert sind, sich darüber so viele Sorgen zu machen.

Verletzungen am **kleinen Finger** sind ein Zeichen für Gefühlsaufruhr in Bezug auf deine Familie. Du solltest also in diesem Bereich nachforschen. Auch diese Emotionen sind durch Kleinigkeiten ausgelöst worden.

Die **Fingernägel** spiegeln deine Energie und das Sicherheitsgefühl wider, das du in Bezug auf gegenwärtige Ereignisse und Personen in deinem Leben empfindest. An deinen Nägeln kannst du ziemlich genau dein aktuelles Energieniveau ablesen. **Brüchige Nägel** sind ein Zeichen für einen unausgewogenen, nach oben und unten schwankenden Energiepegel. **Weiche Nägel** lassen auf inneren Überdruss schließen. **Nägelkauen** deutet auf Frustrationen hin, die meist auf nachtragende Gefühle gegenüber einem Elternteil schließen lassen. Diese Verbitterung geht auf unsere Kindheit zurück und gibt uns den Eindruck, nicht unser eigenes Leben führen zu können. Bei jeder Situation, die uns an diese Frustration in unserer Jugend erinnert, kauen wir wieder Nägel. Wir müssen unbedingt lernen, unseren Alltag in Freude, Vergnügen und Glück zu gestalten, und aufhören, uns für alles zu rechtfertigen.

Probleme der **Brüste** stehen in Zusammenhang mit dem mütterlichen Aspekt der Existenz. Das gilt gleichermaßen für beide Geschlechter. Die Problematik der Überbemutterung kommt bei Männern fast ebenso häufig vor wie bei Frauen. Wir lassen unseren Lieben nicht genügend Freiraum und wollen sie durch ihr ganzes Leben steuern. Viele Frauen bemuttern auch ihre Männer: „Du solltest dir etwas anderes anziehen! Iss nicht so viel! Du trinkst ja schon wieder!" Man kann aber auch sich selbst zu sehr steuern und bemuttern. Harte und schmerzhafte Brüste stellen dir die Frage: „Mit wem gehst du zurzeit so hart um?" Diese Probleme sind eine Warnung des Körpers vor zu viel mütterlicher Hingabe. Du sollst lernen, dich zu lieben und die anderen auf ihre Weise zum Glück finden zu lassen.

Der **Brustkorb** steht in Zusammenhang mit der Familie. Menschen, die das Bedürfnis nach Zuneigung und Zärtlichkeit verspüren, möchten sich gern an die Brust eines anderen schmiegen. Manche würden auch liebend gern geben, halten sich aber zurück, da sie fürchten, ausgenützt zu werden. Bei

Schmerzen in diesem Bereich lautet die Botschaft: „Sei nicht misstrauisch! Los, gib schon! Brauchst du Zärtlichkeit und Zuneigung, dann genügt es, sie anderen zuteil werden zu lassen, dann wirst du sie auch zurückbekommen."

Auch **Kreislaufbeschwerden** gehören in diese Körperregion. Sie stehen in Zusammenhang mit dem Blut, das die Lebensfreude symbolisiert. In deinem Blut steckt alles, was du bist und was du lebst. Es wird von deiner Ernährung ebenso beeinflusst wie von deinen Gefühlen und deinen Gedanken. Traurigkeit, Angst, Zorn oder Selbstkritik ziehen dein Blut in Mitleidenschaft, führen zu Blutarmut und Giftanreicherung. Bei einer schlechten **Durchblutung** ist der Kreislauf der Liebe in deinem Leben gestört. Vielleicht verschafft dir auch dein Gesellschaftsleben nicht genug Freude oder du gibst deinen Ideen nicht genügend Freiraum. In jedem Fall blockiert der Mangel an Lebensfreude den Energiekreislauf.

Auch ein überhöhter **Cholesterinspiegel** deutet auf eine solche Blockade durch mangelnde Lebensfreude hin, die darauf zurückgeht, dass wir uns von einem der beiden Elternteile als Kind ungeliebt fühlten. Meist betrifft dies den Elternteil, der sich um die Ernährung kümmerte, also in der Regel die Mutter. Wir hatten den Eindruck, unter physischem und psychischem Nahrungsmangel zu leiden. Für uns waren Liebe und Ernährung damals gleichbedeutend. Dieser Liebesmangel führte unbewusst schließlich dazu, dass wir Zuneigung immer bei anderen suchten. Dabei ist uns nie aufgefallen, dass unsere mangelnde Lebensfreude auf unsere eigene Wahrnehmung der Liebe zurückgeht, die der fragliche Elternteil uns unserer Ansicht nach vorenthalten hat. Hier müssen wir das Bild unserer eigenen Vergangenheit revidieren und uns der Liebe öffnen, die uns dieser Elternteil trotz allem entgegenbrachte. Erst dies kann die Liebe wieder in unser Blut zurückbringen. Dazu müssen wir auch die Bedürfnisse des kleinen Kindes, das noch in uns steckt, wieder zu Wort kommen lassen. Dieses Problem tritt auch bei Menschen auf, die nicht wagen, ihre Talente zum Ausdruck zu bringen. Sie stellen gleich von Anfang an derart hohe Ansprüche an sich selbst, dass sie sich die ganze Freude verderben, die ihnen dadurch zuteil werden könnte. Sie meinen, eine Begabung auf einem bestimmten Gebiet verbiete ihnen, Fehler zu machen.

Zu **Leukämie** oder **Blutkrebs** kommt es vor allem bei Personen, die sich selbst abwerten oder von anderen abgewertet fühlen. Diese Krankheit kann auch schon bei Kindern auftreten, die sich nicht in einer Familie willkommen fühlen oder das Gefühl haben, ihr nicht wirklich anzugehören. Durch diesen Glauben verlieren sie ihre Lust am Leben und wünschen sich zurück in die Welt der Seelen. Solche Kinder können ihre Eltern regelrecht hassen.

Bei **Thrombosen** verstopft ein Blutgerinnsel eine Vene oder Arterie. Das ist typisch für Menschen, die sich alleine fühlen, Angst oder das Gefühl haben, bestimmten Problemen einfach nicht gewachsen zu sein. Auch hier fehlt die Freude am Leben und das Blut (das Leben!) gerinnt, anstatt frei zu fließen.

Hoher Blutdruck geht auf weit zurückliegende Gefühlsregungen zurück. Wir haben diese Emotionen seither mit uns herumgeschleppt, bis sie immer dramatischere Ausmaße angenommen haben. Wir haben viel Zorn geschluckt und waren oft viel zu sehr auf unser rationales Denken konzentriert. Die vielen damit verbundenen Emotionen haben uns viel Energie geraubt und unser Blut in Aufruhr versetzt. Unser Körper sagt uns, wir sollen uns beruhigen, die Situationen nicht so dramatisieren und nicht so kritisch sein.

Niedriger Blutdruck kommt bei Menschen vor, denen alles zu viel ist oder die sich von vornherein sagen, dass sie bestimmte Dinge nicht bewältigen können. Sie senken dadurch ihre eigene Lebensenergie, weil sie sich weigern, ihr Leben in die Hand zu nehmen oder auch die Last bestimmter Ereignisse zu tragen. Sie haben den Mut verloren und wollen keinerlei Verantwortung übernehmen. Ist der Blutdruck nicht allzu niedrig, kann das für manche Personen auch ganz normal sein. Fühlen sie sich trotzdem gut, neigen nicht zu Depressionen oder werfen die Flinte vorschnell ins Korn, so handelt es sich wahrscheinlich um den ihrem Körper am besten entsprechenden Blutdruck, da er ihre Lebensqualität nicht beeinträchtigt.

Häufiger und lange anhaltender **Schluckauf** kann sehr unangenehm sein. Das gilt auch für das, was die betreffende Person in ihrem Inneren erfährt. Sie urteilt zu hart über sich selbst und ihr Inneres lehnt sich dagegen auf. Schluckauf steht für die Unfähigkeit, dem eigenen Denkmechanismus Einhalt zu gebieten, was das ganze System in Aufruhr versetzt. Wir müssen wieder zu innerer Ruhe finden, die Ereignisse mit etwas mehr Abstand betrachten und nötigenfalls andere um Hilfe bitten, um zu lernen, wieder Ordnung in unsere Gedanken zu bringen.

Menschen, die an **Hyperventilation** leiden, leisten Veränderungen gegenüber großen Widerstand. Sie haben Angst vor Neuem und kein Vertrauen in die gegenwärtigen Geschehnisse. Ihr Körper sagt ihnen, wieder zu einer normalen Atmung zurückzukehren, indem sie sich dem Leben anvertrauen.

Atembeschwerden (Asthma, Heuschnupfen usw.) sind eine Vorstufe des Erstickens. Daran sind jedoch nicht die anderen, sondern wir selbst schuld, da wir uns zu sehr beeindrucken lassen. Wir lassen uns immer wieder von anderen dazu überreden, Dinge zu tun, die wir gar nicht tun wollen. Oder aber wir lassen uns beeinflussen, unsere Meinung zu ändern, haben dabei aber das Gefühl zu ersticken. Um uns gegen diese Situation aufzulehnen, veräußern wir zunächst unsere inneren Symptome – bis hin zum Ersticken. Unsere Atemprobleme werden schließlich zu einer recht subtilen Form der Manipulation. Kehren sie wie beim Heuschnupfen regelmäßig periodisch zurück, so wurde das Urproblem nie wirklich behoben, sondern kommt immer wieder zur selben Zeit zum Vorschein. Es wäre an der Zeit, unseren Platz zu behaupten und damit aufzuhören, alles zu tun, nur um von anderen geliebt zu werden. Dazu müssen wir sicher zuerst lernen, uns selbst zu lieben und uns all den schönen und guten Seiten des Lebens zu öffnen.

Atemstillstand bedeutet das Ende des Lebens. Kommt es zu solchen Atemblockaden, so sollten die Umstände in genaueren Augenschein genommen werden. Geschehen sie im Ruhezustand, so deutet dies darauf hin, dass wir den Lebenskreislauf des Sauerstoffs durch das Zurückhalten alter Gewohnheiten (Stickstoff) beeinträchtigen, wenn wir uns ausruhen. In diesem Fall sollten wir unsere Haltung gegenüber der Ruhe überdenken.

Zu **Erstickungsanfällen** kommt es fast immer durch eine Verstopfung der Luftwege. Sie können bei Menschen vorkommen, die seit ihrer Kindheit große Ängste mit sich herumschleppen. Es ist höchste Zeit, dass sie ihr Leben in die Hand nehmen, das Buch ihrer Kindheit schließen und dem Leben und Mutter Erde vertrauen, die für all ihre Bedürfnisse sorgen.

Lungenprobleme sind bezeichnend für Menschen, die das Leben nicht in vollen Zügen genießen, ihren Aktivitäten kein wirkliches Interesse abgewinnen können und meinen, kein schönes Leben zu verdienen. Sie haben große, wenn auch unbewusste Angst vor dem Tod. Jedes Ereignis, das sie auch nur im Entferntesten an den Tod erinnert, lässt diese Urängste wiederaufleben. Sie dürfen nie aus den Augen verlieren, dass jeder Tod Neues entstehen lässt.

Ein **Lungenemphysem** deutet auf Unzufriedenheit hin. Hier müssen die davon betroffenen Personen versuchen, sich selbst glücklich zu machen, anstatt darauf zu warten, von anderen beglückt zu werden. Für die Lebensfreude gilt genau dasselbe.

Lungenentzündung kommt bei Leuten vor, die ihres Lebens und all ihrer Verantwortungen überdrüssig sind. An manchen Aspekten ihres Lebens verzweifeln sie regelrecht. Außerdem sind sie sehr emotional. Ihr Körper sagt ihnen, dass sie den Reiz ihres Lebens wiederentdecken und die schönen, guten und fröhlichen Seiten daran erkennen sollten.

Bronchitis oder auch **Krupp** wird oft durch ein schwieriges Familienumfeld verursacht, das schwer zu ertragen ist, weil nicht kommuniziert oder pausenlos oder heftig gestritten wird. Die Betroffenen fühlen sich lustlos und entmutigt vom Leben. Sie müssen unbedingt lernen, sich selbst Freude und Liebe in ihrem Alltagsleben zu schaffen, und aufhören, ihr Glück von anderen abhängig zu machen.

Aerophagie ist der medizinische Terminus für **Luftschlucken**. Da die Luft für das Leben steht, haben wir es hier mit Personen zu tun, die sich für das Glück anderer verantwortlich fühlen. Ganz typisch dafür sind die Spaßmacher, die andere immer zum Lachen bringen, wenn sie in einer Gruppe sind. In Wahrheit sind sie dabei jedoch nicht sie selbst, was sie innerlich bedrückt. Anstatt die Luft zu atmen, beginnen sie diese auch noch zu schlucken, weil ihr Unterbewusstsein glaubt, es könne sich damit Zusatzenergie verschaffen, die es benötigt, um in die Haut eines anderen zu schlüpfen. Sie sollten sich das Recht zugestehen, sie selbst zu sein.

Fünfte Zone: Die Halsregion

Diese Zone reicht vom Halsansatz bis zum Mund. Hier kommt unsere Kreativität zum Ausdruck. Das eigentliche kreative Zentrum liegt viel tiefer in der Region des Sakral-Chakras. Von dort steigt diese Energie auf und wird umgewandelt, damit sie unser Wesen selbst zum Ausdruck bringen kann, indem wir sie über die Energie des Kehl-Chakras in die Welt bringen. Hier werden zuerst Töne und Worte geschaffen. Diese Energie ist am stärksten, wenn sie die Wahrheit spricht. Eine unmittelbare Folge eines guten Gebrauchs dieser Schaffenskraft zeigt sich daran, dass uns sehr viel Überfluss zuteil wird und wir den Eindruck haben, es geschähen Wunder. Diese Energie gibt uns überdies die Sicherheit, dass es eine Lösung für alles gibt, was uns widerfährt. Akzeptierst du in deinem tiefsten Inneren, dass alle Situationen und Personen, mit denen du auf deinem Lebensweg konfrontiert wirst, von dir selbst geschaffen wurden, um dein Bewusstsein weiterzuentwickeln, dann ist dies ein Zeichen dafür, dass du diese Energie richtig zum Einsatz bringst. Je mehr wir in Kontakt zu unserem „Wesen", zu unserem „Über-Ich" stehen, desto weniger fühlen wir uns allein. Verläuft unser Leben hingegen mehr auf der dichteren Ebene der Grundenergien, so erwarten wir viel von der Materie, meinen, uns allein durchschlagen zu müssen, und können nur schwer glauben, dass es Lösungen für all unsere Probleme gibt. Je mehr wir unsere Schwingungen steigern, desto subtiler wird die Energie und desto mehr nähern wir uns Gott. Dann haben wir nicht mehr den geringsten Zweifel daran, nie mehr allein zu sein.

In dieser Zone liegen die sieben letzten Wirbel unseres Rückgrats, die **Halswirbel**, die den Kopf in unserem Nacken stützen. Hier gelangen wir in die geistige Zone des Menschen. Während die Gegend des Herzens und des Solarplexus in Verbindung mit den Gefühlen stehen, gehen Probleme in diesem Bereich auf unsere Denkweisen zurück.

Eines der häufigsten Probleme in diesem Bereich ist wohl ein **steifer Hals**. Du hast es erraten: Es handelt sich hier um einen Mangel an Flexibilität. Die davon betroffene Person will in bestimmten Situationen nur das sehen, was ihr in den Kram passt. Sie ist nicht imstande, in Ereignissen oder Menschen eine Hilfe für ihre eigene Entwicklung zu erkennen. Außerdem fällt es ihr schwer, zurück in die Vergangenheit zu sehen, weil sie sich immer sagt: „Ach, hätte ich doch …" oder „Warum habe ich nur …?" Oft geht ein steifer Hals auch auf Ärger zurück, weil wir vermeiden wollen, uns mit den betreffenden Personen auszusprechen. Wir hoffen, dass sich die Dinge schon von alleine regeln werden. Und schon ist der Hals blockiert. Hindern dich deine **Schmerzen im Halsbereich** daran, deinen Kopf zu bewegen, so solltest du versuchen, die Gegenwart besser zu betrachten und die positiven Dinge zu sehen, die du bereits in deinem Leben geschaffen hast. Fällt es dir schwer, deinen Kopf zur Seite zu drehen, d.h. „Nein" mit ihm zu sagen, dann solltest du dich fragen, wem oder was du dich nicht zu verweigern wagst. Kannst du nicht mit dem Kopf nicken, so gilt dasselbe für das „Ja". Es wird Zeit, dich damit zu konfrontieren und entsprechend zu handeln.

Schmerzen im Nackenbereich betreffen vor allem Menschen, denen es schwerfällt, ihr Über-Ich zu akzeptieren und ihr eigenes Leben zu gestalten, ohne sich um die Meinung der anderen zu kümmern. Sie sind große Träumer, schreiten aber nie wirklich zur Tat. Sie meinen, sie könnten erst handeln, wenn sie über noch mehr Kenntnisse verfügten. Die Nachricht? Erkenne den Wert deines Wesens und zögere nicht, ihn zum Ausdruck zu bringen, auch wenn du es vielleicht mit „Gelehrteren" als dir zu tun hast. Hör auf, dich für unnütz zu halten.

Halsweh deutet darauf hin, dass du deine Wut geschluckt hast. Entweder bringst du sie nicht zum Ausdruck, weil du fürchtest, andere zu verletzen, oder aber weil du meinst, es sei schlecht, solche Dinge zu sagen und daher Angst vor den Folgen hast. In beiden Fällen mindert das jedoch nicht den Zorn, der in dir weiterlebt und jedes Mal wieder aufwallt, wenn du an seinen Grund denkst. Durch die Halsschmerzen versucht dein Körper dir zu sagen, dass du dich der betreffenden Person mitteilen solltest, nicht um ihr etwas zu beweisen, sie anzuklagen oder sie zu bestrafen, sondern um das in Liebe und Verständnis zu tun und dabei zu versuchen, auch den Standpunkt des anderen zu akzeptieren. Dein Problem kann darauf beruhen, dass du dir Vorwürfe machst, vergessen zu haben, jemandem etwas zu sagen. Dein Körper will, dass du dir dafür verzeihst. Du hast es ja nicht absichtlich getan. Hast du wegen des Halswehs Schwierigkeiten zu schlucken, dann frage dich, was dir da im Hals steckengeblieben ist oder was in der letzten Zeit ein zu großer Brocken für dich war. Versuche, deine Einstellung gegenüber diesem „Brocken" zu ändern.

Die Bedeutung der **Mandelentzündung** deckt sich im Großen und Ganzen mit derjenigen von Halsweh. Wie alle Entzündungen deutet auch sie auf großen Zorn hin, der sich auf bestimmte Ereignisse unseres Lebens richtet.

Laryngitis bzw. **Kehlkopfentzündung** führt oft auch zu **Stimmverlust**. Auch dabei ähnelt die Interpretation derjenigen von Halsweh, wobei du dich hier zurückhältst, einer Person deine Meinung zu sagen, die für dich eine Autorität repräsentiert, oder aber, weil du fürchtest, ausgelacht oder nicht verstanden zu werden. Manche meiden diese Person dann ganz bewusst oder machen regelrechte Umwege, um ihr bloß nicht begegnen zu müssen. Du solltest zu dieser Angst stehen, dir dann aber ein Herz fassen und mit der betreffenden Person sprechen. Du wirst sehen, dass deine Ängste das Problem übertrieben haben. Die Nachricht deines Körpers lautet: Stehe zu deinen Ansichten und bringe sie zum Ausdruck.

Schilddrüsenerkrankungen stehen in Zusammenhang mit der Kreativität. Die Schilddrüse gehört in den Bereich des Hals-Chakras und spielt eine sehr wichtige Rolle im Körper. Wir könnten nicht ohne die hier ausgeschütteten Hormone leben, die unseren Stoffwechsel steuern. Hier wird auch Jod, ein starkes Antiseptikum erzeugt, das uns hilft, unliebsame Eindringlinge aus dem Körper zu entfernen. Der Hals, in dem die Schilddrüse liegt, stellt ein wichtiges Bindeglied zwischen Körper und Geist dar. Der Kopf bestimmt, der Körper führt die Befehle aus. Ist dies nicht der Fall, führt dies zu einem Mangel an Harmonie. Leider hindert uns unser Stolz immer noch häufig daran, auf unsere wahren Bedürfnisse zu hören. Menschen, die meinen, sie hätten sich ihr Leben lang beleidigen lassen müssen und seien immer ungerecht behandelt worden, können Probleme an der Schilddrüse haben. Opfer schaffen sich immer Probleme im Leben, die sie in ihrer Opferrolle bestätigen. Der Körper sagt ihnen, sie mögen ihre Kreativität doch lieber dazu einsetzen, um positive Dinge damit zu schaffen.

Die **Hyperthyreose** ist eine **Überfunktion der Schilddrüse.** Wir treffen sie bei Menschen an, welche die verschiedensten Dinge in ihrem Leben erschaffen, die ihnen selbst jedoch nichts nützen. So hegen sie viel Groll und Hass auf alles, was sie ihrer Ansicht nach daran hindert, wirklich das zu tun, was sie wollen. Dennoch meinen sie, immer allen Ratschlägen anderer folgen zu müssen. Ihr Körper versucht ihnen hier mitzuteilen, dass sie endlich lernen sollten, für sich selbst zu entscheiden und ihr Leben selbst zu gestalten.

Auch der **Kropf** geht auf eine solche Überfunktion der Schilddrüse zurück. Er tritt bei Menschen auf, die Angst oder Zorn empfinden, weil es ihnen nicht gelingt, immer um jeden Preis ihren Willen durchzusetzen. Sie sollten zum

Ausdruck bringen, was sie wirklich aus ihrem Leben machen wollen, anstatt darauf zu warten, von anderen grünes Licht dafür zu bekommen.

Die **Hypothyreose** ist eine **Unterfunktion der Schild-drüse.** Sie ist ein ernst zu nehmendes Zeichen, unser Leben kreativ in die Hand zu nehmen. Das kann in unterschied-lichster Weise geschehen: literarisch, musikalisch, künstle-risch, handwerklich oder aber, indem wir uns ein Leben nach unseren Wünschen schaffen. Diese Problematik kann auch auftreten, wenn wir uns gegen wiederholte Situationen oder gegen die Kommunikation mit einer uns nahestehen-den Person sträuben.

Die **Diphtherie** nimmt ihren Ausgangspunkt im Hals und birgt eine wichtige Nachricht in Bezug auf unsere Ausdruckskraft. Wir treffen sie bei Menschen an, die große Schwierigkeiten in ihren zwischenmenschlichen Beziehun-gen haben, da sie all ihren Kummer geschluckt und ihren wahren Bedürfnissen nie Ausdruck verliehen haben.

Probleme mit dem **Mund** stehen in Zusammenhang mit unseren Denkweisen. Ganz gleich, ob deine Schmerzen durch ein Geschwür oder etwas anderes verursacht werden, diese Nachricht versucht dir doch immer zu verstehen zu geben, dass du dich weigerst, neue Ideen zu akzeptieren. Oft hängen Probleme im Mund auch mit Gedanken zusammen, die sich gegen dich oder andere richten und die du nun lange genug wiedergekäut hast.

Bei Problemen an der **Zunge** solltest du dich fragen: „Was könnte ich ohne Zunge nicht mehr tun, was mir am Herzen liegt?" Die erste Antwort, die dir dabei in den Sinn kommt, wird dir Aufschluss darüber geben, wo du nach dem Problem suchen sollst. Mit der Zunge schmecken und sprechen wir. Bereust du vielleicht, bestimmte Dinge gesagt oder gegessen zu haben? Vielleicht handelt es sich aber auch um sexuelle Schuldgefühle! Trifft dich in einem dieser Fälle denn wirklich eine Schuld? Hast du nicht nach bestem Wissen und Gewissen gehandelt?

Steter **Mundgeruch** – ich spreche hier natürlich nicht von dem nach einer kräftigen Knoblauchmahlzeit! – ist ein Zeichen von Rachegelüsten und Erbitterung. All diese Gedanken, für die solche Menschen sich schämen, greifen ihr Inneres wie Säure an. Sie können ebenso tief wie unbewusst sein. Wir können ihnen ruhig sagen, dass sie Mundgeruch haben, da sie oft schon so lange damit leben, dass sie es selbst gar nicht mehr merken. Das kann es ihnen ermöglichen, sich mit der Person auszusprechen, auf die sie so böse sind, und sie dafür um Verzeihung zu bitten.

Zähne stehen für Entscheidungen. **Zahnschmerzen** zeigen, dass du bestimmte Beschlüsse hinausschiebst, weil du Angst vor ihren Folgen hast. Dein Körper sagt dir, dass du deine Einbildungskraft nicht dazu verwenden solltest, dir auf diese Weise selbst Angst zu machen. Betreffen die Schmerzen Zähne der linken Seite, so handelt es sich um vorher nicht einzuplanende, oft sogar völlig unterbewusste Entscheidungen, die eher instinktiv getroffen werden müssen. Schmerzen auf der rechten Seite verlangen hingegen eine bewusstere und gewolltere Entscheidung.

Zähneknirschen deutet auf inneren Zorn oder zurückgehaltene Tränen, in jedem Fall auf große nervöse Anspannung hin.

Zahnfleischprobleme sind ein Zeichen dafür, dass es dir sehr schwerfällt, bereits getroffene Entscheidungen umzusetzen, weil du unsicher bist. Dein Körper sagt dir, zur Tat zu schreiten. Du kannst keine Fehler machen, da alles Teil deiner Erfahrungen ist. **Blutendes Zahnfleisch** deutet darauf hin, dass dir bestimmte Entscheidungen keine Freude bereitet haben.

Zahnfleischentzündungen haben dieselbe Bedeutung wie alle anderen Zahnfleischprobleme, nur dass sich hier noch ein gerüttelt Maß an Zorn hinzugesellt.

Kieferprobleme sind ebenfalls ein Zeichen von Wut und Verbitterung. Bei manchen handelt es sich dabei sogar um sehr konkrete Rachegelüste, doch kommt davon kein Wort über ihre Lippen. Nur dieser unerfüllte Wunsch wird ständig wiedergekäut. Hinter einer **Kiefersperre** steht das unausgedrückte Bedürfnis, alles kontrollieren zu wollen, was um uns geschieht. Dies führt zu zahlreichen Gefühlen, die verdrängt werden.

Die **Lippen** stehen in direktem Bezug zu unserem Sexualleben. **Bläschenausschlag** am Mund ist eine Form von **Herpes** und deutet auf ein zu strenges Urteil über eine Person des anderen Geschlechts hin. Oft tendiert dieses Urteil dazu, sich generalisiert auf das gesamte andere Geschlecht zu erstrecken. Hast du noch nie Frauen sagen hören: „Ach, Männer! Es ist doch immer dasselbe. Sie denken nur an Sex!" oder „Sie wollen sich immer von den Frauen bedienen lassen." Herpesbläschen sind ein Mittel, sich nicht küssen zu lassen. Du solltest beginnen, deinen Mund dafür zu verwenden, Gutes über das andere Geschlecht zu sagen, anstatt es ständig mit abwertender Kritik zu belegen.

Schnupfen bedeutet, dass zurzeit zu viele Dinge in deinem Leben geschehen, was deinen Geist verwirrt und irritiert. Dein Körper versucht, dich zur Ruhe zu bringen. Erstelle eine Liste nach Prioritäten und erledige eine Aufgabe nach der anderen. Schnupfen kann aber auch geistig programmiert sein und jedes Jahr zur selben Zeit wiederkommen. Warum ist Schnupfen denn so häufig? Weil so viele Menschen von seiner Unumgänglichkeit überzeugt sind! Dieser Volksglauben ist tief im kollektiven Unbewussten verankert. Außerdem ist erwiesen, dass übermäßiger Genuss von Fleisch und Zucker den Organismus schwächt und anfälliger für **Erkältungen** macht.

An früherer Stelle wurde bereits erwähnt, dass wir uns eine „dicke **Grippe**" zuziehen können, um übermäßigem Stress zu entkommen oder uns einen Zwangsurlaub zu verschaffen. Oft sehen wir keinen anderen Weg, unserem Körper ein paar Tage Ruhe zu gönnen. In Wirklichkeit meint unser Körper jedoch, dass wir es keineswegs nötig haben, uns so krank werden zu lassen, um eine Pause einzulegen. Oft deutet eine Grippe auch auf einen zwischenmenschlichen Konflikt hin, den wir nicht zu regeln imstande sind. Es wäre sicherlich sinnvoller, diese Situation mit der betreffenden Person zu klären, anstatt sich in die Krankheit zu flüchten.

Husten deutet darauf hin, dass wir etwas nicht akzeptieren, was unser inneres oder äußeres Ohr vernimmt. Öffne dich der Möglichkeit des Wandels.

Stottern ist ein Zeichen von Unsicherheit. In jüngeren Jahren haben solche Menschen nicht gesagt, was sie zu sagen hatten, weil sie Angst vor Zurückweisung hatten. Sie müssen lernen, sich zu öffnen und gelegentlich auch zu weinen.

Sechste Zone: Die Gesichtsregion

Diese Zone reicht von der Nasenspitze zur Stirn. Hier befindet sich auch die **Hirnanhangdrüse (Hypophyse),** die alle anderen Drüsen des menschlichen Körpers steuert. Diese Region hat eine sehr hohe Schwingungsfrequenz. Je höher und intensiver diese jedoch ist, desto subtiler und schwerer zu entziffern ist sie auch.

Wir erwähnten bereits, dass unser Verstand dem Solarplexus-Chakra entspricht, das in direkter Verbindung zum Stirn-Chakra steht. Missbrauchen wir unseren Intellekt, so zieht dies auch diese Region in Mitleidenschaft, in der unsere Intuitionsgabe beheimatet ist, diese Energie der Intelligenz – einer Intelligenz, die weiß, dass wir wissen. Das Stirn-Chakra ist auch das Zentrum **übersinnlicher Kräfte.** Menschen, die mit allen möglichen Mitteln, Büchern oder Seminaren versuchen, diese Kräfte zu stimulieren, laufen Gefahr, die Hypophyse und die gesamte Kopfregion aus dem Gleichgewicht zu bringen. Es ist sehr wichtig, dass die anderen Energiezentren miteinander in Harmonie gebracht werden, bevor wir uns daran machen, das Stirn-Chakra intensiver entwickeln zu wollen. Der beste Weg, unsere übersinnlichen Kräfte zu stimulieren, besteht darin, die Sinne dieser Zone dafür einzusetzen, um Gott in allem zu hören und zu fühlen.

Hautprobleme wie **Akne** stehen z.B. in direktem Zusammenhang mit der Individualität. Das Gesicht ist das Erste, was andere von uns sehen. **Pickel** sind ein Zeichen dafür, dass der Betreffende sich selbst nicht liebt. Er liebt sich so wenig, dass er sich auch nicht vorstellen kann, dass andere ihn lieben könnten. Mit diesem Hautproblem versucht er sie daher zurückzustoßen. Akne ist auch eine Form zu sagen:

„Kümmert euch um euren eigenen Kram!" Er fühlt sich in seiner Individualität verletzt. Akne tritt besonders bei Jugendlichen auf, welche die Mutter oder der Vater allzu sehr steuern wollen. Vielleicht wollen sie auch versuchen, wie ihr Vater zu sein, um der Mutter zu gefallen, anstatt einfach nur sie selbst zu entsprechen.

Probleme mit der Nase deuten darauf hin, dass wir uns von etwas stören lassen, das wir in unserem Umfeld verspüren. Anstatt jedoch Liebe wahrzunehmen , urteilt oder kritisiert hier unser Verstand auf der Grundlage dieser äußeren Eindrücke. Unser Körper versucht uns zu sagen, dass wir Bilanz ziehen sollten, wenn uns etwas in unserem Leben zurzeit „stinkt" oder wir jemanden aus unserer Umgebung „nicht riechen" können. Haben wir das Gefühl, dass dadurch unsere Intimsphäre verletzt wird, so liegt es an uns, für sie einzustehen. Betrifft die Angelegenheit jedoch jemand anderen, so teilt dein Körper dir mit, dass du dich lieber um deine eigenen Angelegenheiten kümmern und akzeptieren solltest, wenn andere Menschen andere Entscheidungen treffen als du selbst.

Dasselbe gilt bei einer **Nebenhöhlenentzündung,** außer dass die Problematik noch durch Zorn verstärkt wird. Hier sollen wir lernen, die Liebe der anderen wahrzunehmen, anstatt auf alles überempfindlich zu reagieren.

Nasenbluten deutet auf ein Bedürfnis nach Aufmerksamkeit und Anerkennung hin. Solche Menschen meinen, von niemandem geschätzt oder überhaupt bemerkt zu werden. Das Blut steht für die Lebensfreude. Sie „weinen" ihr Blut und lassen so ihre innere Freude entweichen, weil sie glauben, das Glück käme von der Anerkennung der anderen.

Schnarchen bedeutet, dass wir uns weigern, uns alter Gewohnheiten und Denkweisen zu entledigen. Es handelt sich dabei jedoch eher um eine unbewusste Form von Halsstarrigkeit. Ein gutes Mittel besteht darin, unsere Nächsten zu fragen, ob sie uns für stur halten, wobei es wichtig ist, ihre Antwort völlig neutral anzuhören. Danach sollten wir aber auch die dementsprechenden Konsequenzen ziehen und damit beginnen, Neuland zu erkunden.

Häufiges und fortgesetztes **Niesen** deutet oft auf den Wunsch hin, dass wir etwas oder jemanden loswerden möchten, der uns stört. In diesem Fall sollten wir versuchen, uns die Situation so bewusst wie möglich zu machen, indem wir mit der betreffenden Person sprechen. **Husten** ist hingegen ein Zeichen dafür, dass uns etwas „im Hals steckengeblieben" ist. Wir haben etwas gehört oder aber auch von unserer inneren Stimme vernommen, das uns sehr missfällt und das wir auszustoßen versuchen. Wir sollten etwas mehr Wandel in unserem Leben zulassen.

Schwerhörigkeit tritt häufig bei sturen Menschen auf, die sich selbst isolieren und schnell zurückgewiesen fühlen. Sie haben es satt, dass andere ihnen auf die Nerven gehen und schalten einfach ab. Ihr Körper will ihnen mitteilen, dass sie versuchen sollten, etwas anderes aus den Worten der anderen herauszuhören. Sie sollten das Leid oder die Angst hinter deren unliebsamer Haltung verstehen lernen, anstatt sich zu verschließen. Das ist eine ausgezeichnete Gelegenheit, ihr Herz zu öffnen und in Liebe zu handeln.

Probleme mit den **Ohren** im Allgemeinen zeigen, dass wir uns von etwas stören lassen, was wir gehört haben. Der Heilungsweg ist ähnlich wie der von Nasenproblemen, wobei wir die fragliche Sache hier eben nicht hören können, wo wir sie dort nicht riechen wollen. Handelt es sich um eine **Entzündung,** so ist hier auch noch ziemlich viel Zorn im Spiel. Du stopfst dir die Ohren zu, um nichts mehr hören zu müssen. Bei einer **Mastoiditis** (Entzündung des knöchernen Warzenfortsatzes des Schläfenbeins), für die besonders Kinder anfällig sind, besteht großer Zorn bzw. Frustration in Bezug auf das Gehörte. Sie wollen nicht mehr hören, was um sie vorgeht, da sie es nicht verstehen.

Auch das **Ohrensausen** beeinträchtigt unser Hörvermögen, bei dem die verschiedensten Geräusche, vom Sausen über Brummen bis hin zum Klingen, vernommen werden. All diese Laute gehen auf ein Übermaß an „Geisteslärm" zurück. Das betrifft vor allem Menschen, deren Geist nie stillsteht und deren innerer Monolog kaum zur Ruhe kommt. Sie sollten spontaner sein und aufhören, alles kontrollieren und perfektionieren zu wollen. Sie werden feststellen, dass sie entgegen ihren Erwartungen auch so geliebt werden, wie sie wirklich sind. Es kann sich hierbei aber auch um Personen handeln, die nicht auf die Stimme ihrer Eingebung hören, weil sie sich die Ratschläge, die ihre Mitmenschen ihnen erteilen, zu sehr zu Herzen nehmen Kurz, sie wollen zu viele Stimmen auf einmal hören. Manchmal sind auch Leute von Ohrensausen betroffen, die sich Vorwürfe machen, die Dinge, die sie sagen oder lehren, selbst nicht in die Tat umzusetzen. Ihr Inneres klagt sie der Lüge an, Theorie und Praxis zu sehr auseinanderklaffen zu lassen. Sie sollten lernen, sich zuzugestehen, bestimmte Dinge, die sie gelernt haben, nicht umsetzen zu können.

Bei der **Menière-Krankheit** handelt es sich um eine Erkrankung des Innenohrs, die gekennzeichnet ist durch Anfälle von **Drehschwindel.** Die davon Betroffenen lassen sich viel zu sehr durch äußere Ereignisse unter Druck setzen und durch Gehörtes aus der Bahn bringen. Ihr Körper sagt ihnen, die Dinge nicht so ernst zu nehmen, sich auszuruhen und mehr mit dem Herzen als mit dem kritischen Verstand zuzuhören.

Augenprobleme lassen darauf schließen, dass wir uns durch Dinge stören lassen, die wir an anderen sehen oder aber nicht an ihnen wahrhaben wollen. Bestimmte Theorien führen Augenerkrankungen auf Familienstress in der Kindheit zurück. Treten sie früh in der Schule auf, so zeugen sie von Stress und Angst. Während der Jugend deuten sie eher auf Furcht vor der erwachenden Sexualität hin. Im Erwachsenenalter betreffen sie vor allem Verlustängste.

Betrifft das Problem die **Fokussierung,** so ist dies ein Zeichen dafür, dass wir uns zu sehr bemühen, etwas zu sehen, was unserem Leben fehlt. Wir wollen zu viel sehen. Wir sollten uns hier das Recht zugestehen, nicht alles auf einmal sehen zu können. Über kurz oder lang rückt alles, was wir wahrnehmen wollen, in unser Blickfeld.

Kurzsichtigkeit betrifft vor allem Menschen, die sich Sorgen um die Zukunft machen und nicht alles wahrhaben möchten, was sie sehen. In jungen Jahren mussten sie zu viele solcher unliebsamen Dinge sehen. Dies erkannte der Körper und reduzierte ihre Sehschärfe. Sie kümmern sich viel zu sehr um sich selbst und zu wenig um ihre Mitmenschen. Sie sollten lernen, auch den Standpunkt der anderen zu berücksichtigen. Die Kurzsichtigkeit will uns zu verstehen geben, dass wir uns mehr anderen Sichtweisen öffnen sollten, als ständig Kontrolle über unseren Lebensweg ausüben zu wollen, den wir pausenlos unserer Perspektive der Dinge anpassen möchten.

Weitsichtigkeit treffen wir bei Menschen an, die sich aufgrund dessen, was sie sehen, Sorgen um ihre Zukunft machen. Dafür kann es viele Ursachen geben: die Angst vor dem Altern oder weniger attraktiv zu sein; die Kinder, die das Elternhaus verlassen usw. Sie möchten bestimmte bevorstehende Tatsachen lieber ignorieren, und ihre Sicht passt sich diesen Umständen an. Das Geheimnis besteht darin, nicht nur das Gute und Schöne in unserer Gegenwart zu sehen, sondern auch unsere Zukunft. Verlieren wir nie aus den Augen, dass die Zukunft von der Gegenwart abhängt. Weitsichtige Menschen sollten sich selbst mehr Aufmerksamkeit schenken. Sie tendieren dazu, anderen den Vorrang zu lassen. Die Botschaft lautet hier, die eigene Schönheit erkennen und sich mehr vertrauen.

Astigmatismus (Hornhautverkrümmung) ist typisch für Neugierige. Der Wunsch, alles zu sehen und zu wissen, hat ihre Augen erschöpft. Ihr Körper sagt ihnen, dass sie sich Zeit nehmen sollten, die Dinge zu genießen. Dieses Problem kann aber auch auf eine Weigerung zurückgehen, unsere eigene Schönheit und Großartigkeit sehen zu wollen.

Schielen bedeutet den mangelnden Wunsch, die Dinge so zu sehen, wie sie wirklich sind, weil sie das Gefühl von Unsicherheit verursachen (siehe Seite 128).

Grüner Star ist oft ein Zeichen für nachtragende Gefühle, die schon seit langem ein wahres Verzeihen erschweren. Eine Wunde der Vergangenheit hat das Gesichtsfeld der betreffen-

204

den Person eingenommen, da sie nach wie vor mit großen Emotionen verbunden wird. Für weitere Interpretationen liest du je nach Symptomen unter Kurz- oder Weitsichtigkeit nach.

Der **graue Star** tritt hingegen bei Personen auf, die alles auf ihre Weise und nicht nach der Wirklichkeit der anderen sehen möchten, denen sie sich manchmal überlegen fühlen. Ihr Körper rät ihnen, den Schleier zu entfernen, der sie daran hindert, die Schönheit in der äußeren und inneren Welt zu erkennen.

Die **Bindehautentzündung** bringt Zorn und Frustration über all das zum Ausdruck, was wir in der Welt sehen. Hier würden unsere Augen lieber nur das Schöne und den Ausdruck Gottes sehen.

Die **Hornhautentzündung** ist ein Ausdruck von intensiver Wut und Lust, einen anderen Menschen zu schlagen. Die Nachricht entspricht im Prinzip derjenigen der Bindehautentzündung.

Stark sichtbare **Ringe unter den Augen** sind oft ein Zeichen für auf eine **Nahrungsmittelallergie** zurückzuführende Müdigkeit. Häufig handelt es sich hierbei um eine Unverträglichkeit von Glukose (Zucker, Teigwaren, Säfte, Alkohol usw.), Milchprodukte oder Gluten. Zu solchen Allergien kommt es insbesondere durch übergroße Abhängigkeit von den genannten Nahrungsmitteln. Hier sollen wir lernen, weniger von anderen abzuhängen, um glücklich zu sein, d.h. auch glücklich sein zu können, wenn andere nicht mit uns einverstanden sind.

Ein **Gerstenkorn** zeugt davon, dass wir wütend sind, weil andere nicht unsere Sichtweise teilen. Es will uns sagen, dass

wir auch den anderen eine freie Meinung zugestehen sollten. Manchmal bedeutet es aber auch, dass wir uns zu große
Sorgen über Gesehenes machen, vor einem Berg von Arbeit
zum Beispiel. Hier sagt uns unser Körper, dass wir aufhören
sollen, die Dinge zu dramatisieren.

Ist dir noch nie aufgefallen, dass bei **Kindern** zwischen
Geburt und vollendeter Jugend gerade in der Gesichtsregion
die meisten Probleme auftreten? Warum kommt es in diesem
Alter besonders häufig zu Erkrankungen von **Hals**, **Nase**,
Ohren und **Augen**? Diese Organe befinden sich in der Körperzone, die für unser Wesen steht. Kinder sind noch rein
und unverdorben. Sie wissen sofort, dass vieles, was sie sehen,
hören oder mit den anderen Sinnen wahrnehmen, gegen die
universellen Gesetze der Liebe verstößt. Das stört sie enorm.
Da sie dies aber nicht zum Ausdruck bringen können, kommt
es oft zu Halsweh. Ist das der Fall bei deinen Kindern, dann
versuche, ihnen das hier Erläuterte nahezubringen. Sie werden dich verstehen, auch wenn es sich noch um Wickelkin-
der handelt. Wir müssen ihnen erklären, dass wir verstehen,
dass sie das Verhalten der Erwachsenen stört, dass diese jedoch
ihr Bestes versuchen und so gut lieben, wie sie können. Sie
müssen begreifen, dass das menschliche Leben nicht immer
nach ihren Wünschen und in Einklang mit der universellen
Harmonie abläuft. Wir können nicht immer mit allen Geschehnissen einverstanden sein. Wir kommen demnach nicht
umhin zu akzeptieren, dass die anderen nach bestem Wissen
und Gewissen handeln und ihre Ansichten sich oft von den
unseren unterscheiden. Wir sollten die Kinder auch trösten
und ihnen versichern: Auch wenn sie unharmonische Dinge
wahrnehmen oder empfinden, so heißt das keineswegs, dass

wir sie nicht lieben. Es heißt lediglich, dass es den betreffenden Erwachsenen schwerfällt, ihr eigenes Leben zu lieben.

Eine **Rachenentzündung** oder **Pharyngitis** steht in Zusammenhang mit der Stirnregion, da ihr eine Austrocknung der Nase zugrunde liegt. Sie betrifft besonders Menschen, die sich von Dingen stören lassen, die sie in ihrer Umwelt wahrnehmen und ihre Empfindungen blockieren.

Adenoide Vegetationen der **Rachen- oder Gaumenmandeln** kommen vor allem bei Kindern vor. Die fälschlich oft auch als **Wucherungen** oder **Polypen** bezeichneten Vegetationen schwellen an und blockieren die Atemwege. Die betroffenen Kinder sind meist recht sensibel und empfinden die Unwägbarkeiten ihres Umfelds sehr stark. Oft fühlen sie – wenn auch meist unbewusst – unangenehme Dinge noch vor den eigentlich direkt Betroffenen. So wissen sie z.B. schon lange vorher, dass sich ihre Eltern trennen werden, und dass deren Partnerschaft nicht mehr stimmt. Sie reagieren darauf jedoch damit, ihre Gefühle völlig abzublocken. Sie fühlen sich häufig nicht in ihrer eigenen Familie willkommen und verdrängen dieses schmerzhafte Gefühl. Sie sollten nachforschen, ob die Familie sie tatsächlich als fünftes Rad am Wagen wahrnimmt.

Siebte Zone: Die Kopfregion

Diese Zone entspricht dem Scheitel-Chakra, das in Verbindung mit der **Zirbeldrüse** steht. Erst sie ermöglicht uns eine Identifikation mit Gott und lässt uns erkennen, dass Gott in jedem von uns steckt.

Kopfschmerzen können auf ganz bestimmte Ereignisse, Umstände oder großen äußeren Druck zurückgehen. Auch wenn sie dir missfallen, so zwingst du dich doch aus den verschiedensten Gründen dazu, sie durchzustehen. Kopfschmerzen in der Stirngegend zeugen oft von dem Wunsch, alles verstehen und weiter voraussehen zu wollen. Wir überbeanspruchen unseren Verstand – vielleicht deshalb, weil wir alles nach der Vorstellung von Gut und Böse analysieren wollen. Es kann sich aber auch um Zukunftssorgen handeln, die wir mit allen Mitteln und so schnell wie möglich zu lösen versuchen. Kopfschmerzen in der Scheitelgegend stehen in Zusammenhang mit unserer Individualität. Sie deuten darauf hin, dass wir uns selbst verurteilen und unnötig kritisieren. Wir tippen uns an den Kopf, wie das Sprichwort so schön sagt. Wir werten uns selbst ab, anstatt uns als Ausdruck Gottes zu erkennen. Das Scheitel-Chakra steht in direkter Verbindung mit dem Sakral-Chakra, dem Sitz der Sexualenergie. So ist **Migräne** oft auch ein Zeichen für sexuelles oder kreatives Unbefriedigtsein. Dieses Problem soll uns erkennen lassen, dass wir wieder den Kontakt zu unserer Schaffenskraft herstellen und aufhören sollten, uns allen anderen ausgeliefert zu fühlen, uns mit ihnen zu vergleichen oder ständig ein Ideal anzustreben. Anstatt zu glauben, keine Wahl zu haben, müssen wir lernen, uns selbst zu bestätigen und zum Handeln übergehen, um unsere wahren Wünsche in die Tat umzusetzen. Nur so können wir unser Leben gestalten und selbst in die Hand nehmen.

Auch **Depressionen** haben mit diesem Energiezentrum zu tun. Sie treten vor allem bei Menschen mit übersinnlichen Fähigkeiten auf, die alles wahrnehmen und sich daher aus ihrem Umfeld zurückziehen. Sie haben keine Lust mehr zu leben und fühlen sich überflüssig. Das ist ganz besonders bei Trennungen der Fall oder wenn sie solche befürchten. Das verzerrt ihr ganzes Bild von sich selbst, da sie nicht sehen, wie wichtig sie sind. Die Flucht in die Depression erspart ihnen, sich den Ereignissen des Lebens zu stellen. Manchmal will hier aber auch ein überholter Aspekt ihres Innenlebens absterben, um Neuem Platz zu machen, dem gegenüber sie Widerstand leisten. Um Depressionen zu bekämpfen, müssen wir zunächst unser Selbstwertgefühl wiederfinden und erneut Kontakt zu unserem inneren Gott aufnehmen. Dazu müssen wir lernen, uns selbst zu lieben.

Burnout und **Erschöpfung** sind Zeichen einer gewissen Kapitulation und betreffen vor allem all diejenigen, die große Erwartungen hegen und das Gefühl haben, gegen das „System" ankämpfen zu müssen. Dazu gehören oft Krankenschwestern oder auch Lehrer, die das gängige Schulsystem nicht akzeptieren können. Sie würden gerne Veränderungen im Bereich der Gesundheit oder Erziehung einbringen, die ihren Idealen oder dem **Wassermann-Zeitalter** mehr entsprechen, investieren all ihre Energie in diese Aufgabe, geben sich dann jedoch geschlagen, da sie sich völlig machtlos fühlen. Sie resignieren vor dem nicht zu bewältigenden Berg des Systems, verlieren dadurch aber auch die Motivation für die anderen Aspekte ihres Lebens. Ihr Körper versucht ihnen zu sagen, dass sie nie die ganze Menschheit retten und es nie allen recht machen können. Es ist aber wichtig, seine Arbeit nach bestem Wissen und mit Freude zu erledigen.

Bei geistig und körperlich aus dem Gleichgewicht geratenen Menschen, kann es zum sogenannten **Cushing-Syndrom** kommen. Sie fühlen sich völlig hilflos, da sie jeglichen Kontakt zu ihrer inneren Kraft verloren haben. Dazu gesellt sich aber auch der Wunsch, über andere zu herrschen. Die Botschaft? Sie sollen lernen die Gedanken zu wählen, die es ihnen erlauben, sich gut zu fühlen, sich ihrer wahren Kraft bewusst zu werden und dementsprechende Konsequenzen zu ziehen.

Ein **Gehirntumor** ist ein Anzeichen für Starrsinn und eine große Verweigerung, die alten schematischen Denkmuster zu verändern. Dabei handelt es sich um eine sehr ernst zu nehmende Warnung, überholte Ansichten zu überwinden, die den Bedürfnissen der Seele widersprechen. Das Gehirn leidet, da die empfangenen Daten nicht in Einklang mit dem übrigen Körper stehen.

Menschen im **Koma** flüchten vor einer bestimmten Situation oder Person, vor der sie große Angst haben. Der Körper versucht ihnen zu sagen, dass sie geliebt werden, in Sicherheit sind und dass auch ihnen ein Platz auf dieser Erde gebührt. Sie müssen nun jedoch die Wahl zwischen Leben und Tod treffen.

Psychosen, Neurosen und **Schizophrenie** zeugen von einer Flucht in eine andere Identität, da die Betroffenen ihre wahre Natur völlig aus den Augen verloren haben. Sie akzeptieren keinen Aspekt ihres wirklichen Wesens und kennen kein „**Ich bin**". Sie meinen, ein völlig anderer Mensch zu sein oder wünschen sich dies zumindest. Sie verfügen meist über einen sehr stark ausgebildeten Intellekt und haben ein chronisches Bedürfnis danach, die Dinge zu verstehen, anstatt sie zu akzeptieren. Manchmal haben sie sogar übersinnliche Fähigkeiten, die sie vielleicht durch asiatische Kampfkünste oder andere Methoden zu entwickeln suchten, so dass sie zu schnell in Bereiche vorgedrungen sind, die wahrer Meisterschaft bedurft hätten.

Psychisch kranke Menschen leben in einem ständigen inneren Kampf um die Dinge, die sie für schlecht oder sündig halten. Sie halten sich selbst für verabscheuungswürdig und gottlos. In der Regel sind sie recht gläubig, brauchen Gott und fühlen sich sehr stark zum Göttlichen hingezogen. Leider glauben sie ebenso an die Existenz eines Teufels und an die Sünde, was sie verwirrt und innerlich spaltet. Doch ist Satan lediglich eine Personifizierung unserer negativen Seiten und eine rein menschliche Schöpfung. Dieses Bild des Bösen kann sich erst in uns entfalten, wenn wir uns von unserem inneren Gott entfernen, wenn wir uns selbst anklagen, verurteilen und uns selbst Böses zufügen. In Wirklichkeit ist der Teufel keine Wesenheit und völlig substanzlos wie ein Schatten.

Der Glaube an das Böse und an die Sünde entfernt diese Menschen von Gott. Nur diese Trennung isoliert und verunsichert sie. Sie befinden sich ständig in der Defensive, da sie sich pausenlos angegriffen fühlen. Zu ihrer Verteidigung schaffen sie sich entweder eine Scheinsicherheit durch materielle Abhängigkeit oder sie gehen ins andere Extrem und frönen der Enthaltsamkeit, weil sie meinen, die Materie sei die Wurzel ihres Übels.

Es ist schwer, geistige Krankheiten zu überwinden, da das Werkzeug dafür, die Vernunft, selbst ja beschädigt ist. Sie sind dermaßen auf die oberen Energiezentren fixiert, dass die beiden Basis-Chakras völlig verkümmern. Sie werden leicht aus der Bahn geworfen, wenn sie mit Ängsten oder Emotionen konfrontiert werden. Es ist so, als hätte ihr Körper keine Beine mehr.

Bis jetzt konnte ich solchen Menschen nur mit folgenden Mitteln helfen:

1) Auf Zucker in allen Formen so weit wie möglich verzichten; das betrifft also Säfte, Nudelgerichte, Teigwaren, Süßigkeiten, Kekse, Nachspeisen, Alkohol usw.

2) Kurse und Bücher meiden, die lediglich theoretisches Wissen übermitteln.

3) Abhängigkeit von anderen weitestgehend vermeiden, die meist darin besteht, dass sie glauben, man würde sich schon um sie kümmern.

4) Sie müssen wieder Kontakt mit ihren Empfindungen und ihrer Urenergie aufnehmen, indem sie körperlich in der Natur arbeiten, gärtnern, schwimmen oder sich sportlich oder sexuell verausgaben.

Nur so können sie Verbindung mit der stofflichen Welt aufnehmen, die ihnen abhanden gekommen ist und die sie nur durch den Kontakt zur Erde wiederherstellen können. Sie brauchen sehr, sehr viel Liebe. Wir sollten sie mit Liebe umgeben und sie an ihre innere Schönheit und ihre göttliche Herkunft erinnern. Sie haben sich von der stofflichen Welt gelöst, weil sie meinten, Gott so näherkommen zu können, und haben dabei völlig vergessen, dass Gott im Herzen aller Dinge weilt.

Das oberste Energiezentrum steht in Verbindung mit dem Basiszentrum, das für Anhänglichkeit und Abhängigkeit steht. Menschen, die an Psychosen, Neurosen oder Schizophrenie leiden, haben sich aus dem Leben zurückgezogen und fühlen sich so hilflos, dass sie meinen, nicht mehr ohne die Unterstützung anderer auskommen zu können, von denen sie völlig abhängig werden.

Bei **Wahnsinn** besteht eine gewaltige Trennung zum Leben. Es handelt sich um eine extreme Form der Flucht vor der Familie.

Auch **Gedächtnisschwund** ist eine Flucht vor dem Leben und vor bestimmten Ängsten. Der Betroffene fühlt sich außerstande, sich um sein eigenes Leben zu kümmern. Es ist höchste Zeit, dass er erkennt, selbst ein Ausdruck Gottes zu sein und über alles verfügt, um sich dem Leben zu stellen. Jeden Tag ein kleiner Sieg – und er wird schon bald einen beachtlichen Weg hinter sich gebracht haben.

Gehirnhautentzündung betrifft meist extrem sensible Menschen, die mit übermäßigen Emotionen – vor allem mit Wut – auf bestimmte Ereignisse reagieren. Sie müssen lernen, sich gegenüber äußeren Schockerfahrungen zu verschließen, indem sie die Verantwortung für sich selbst übernehmen. Außerdem ist es wichtig, sich nicht mehr für das Glück oder Unglück der Anderen verantwortlich zu fühlen.

Epilepsie tritt meist bei Menschen auf, die sich verfolgt fühlen, gewalttätige Ideen haben und das Leben zurückweisen. Vielleicht waren sie selbst einmal Gewalt ausgesetzt, gegen die sie sich nicht wehren konnten. Vielleicht wären sie gern einmal handgreiflich geworden, wenn andere sie belästigten, doch richtete sich diese Gewalt dann gegen sie selbst. Deshalb lehnen sie sich völlig ab. In ihrem Inneren spielt sich ein großer Konflikt ab, auf den ihre nach außen hin sanfte Erscheinung keineswegs schließen lässt. Die Epilepsie scheint auf ein Ereignis während der Schwangerschaft oder kurz nach der Geburt zurückzugehen, das starke Schuldgefühle ausgelöst hat. Deshalb nehmen sie das Leben als ewige Schlacht wahr, wo sie doch nur loszulassen und zu lieben hätten, um die Wünsche ihrer Seele zu befriedigen.

Die **Friedreich-Ataxie** ist eine degenerative Erkrankung des zentralen Nervensystems, die meist auf ein Übermaß an Plänen der Mutter für das oft noch ungeborene Kind zurückgeht. Dieses wollte dem Traum der Mutter in allen Belangen entsprechen, sah sich jedoch nicht dazu imstande, weshalb es sich vollkommen ohnmächtig fühlte und seine ganze Entwicklung blockierte.

Unsere **Haare** stellen wie Antennen unsere Verbindung zur kosmischen Energie her. Haarausfall deutet demnach auf einen mangelnden Kontakt zu unserer göttlichen Schaffenskraft hin. Solche Menschen machen sich zu große Sorgen um materielle Angelegenheiten und können sich diesbezüglich so machtlos und verzweifelt fühlen, dass sie sich – wie wir sagen – die Haare raufen. Sie haben einmal etwas verloren oder haben Angst vor materiellem Verlust und fürchten als Folge davon, all ihre Bedeutung zu verlieren. Sie identifizieren sich viel zu sehr mit allem, was sie haben, und nicht mit dem, was sie wirklich sind. Sie meinen, besser zu *sein,* wenn sie mehr *haben.* Es ist höchste Zeit, diese Einstellung zu ändern.

Gesichtslähmung (auch **Bell-Parese** genannt) wird dadurch ausgelöst, wenn ein Mensch mit einem großen Problem konfrontiert ist, dem er sich nicht stellen will. Er hat einen emotionalen Schock verdrängt und fürchtet immer noch, diesen Schmerz wieder zum Leben erwecken, wenn er sich mit dem auslösenden Ereignis beschäftigt. Er muss sich das Recht zur Angst zugestehen und wieder Kontakt zu seiner inneren Kraft aufnehmen, um die Situation regeln zu können.

Krankheiten und Gesundheitsprobleme
ohne spezifische Körperregion

Die folgenden Gesundheitsprobleme sind keinem genauen Energiezentrum oder Körperteil zugeordnet, da sie mehrere Zonen betreffen können. Krebs ist die erste dieser Krankheiten, deren metaphysischen Aspekt wir an dieser Stelle analysieren wollen.

Zu **Krebs** kommt es durch Hass, der sich meist gegen einen bestimmten Elternteil richtet. Die Betreffenden waren voller Liebe, die jedoch von der Person enttäuscht wurde, der sie diese entgegenbrachten. Schließlich wandelte sich diese Liebe zu Hass. Dieser ist tief in ihrem Inneren verborgen, weil er ihnen selbst absolut inakzeptabel ist, da sie eigentlich großzügig und liebevoll sind. Sie können sich diesem Gefühl nicht einmal stellen, da ihnen dieser Hass keineswegs bewusst ist. Dennoch dehnt er sich immer mehr aus und nimmt über kurz oder lang ihren ganzen Körper ein. Es ist ihnen jedoch unvorstellbar, sich das Recht zuzugestehen, diesen aufgestauten Gefühlen freien Lauf zu lassen.

Stellen wir uns ein kleines Kind vor, dessen Vater nie da oder verstorben ist. Es sieht, wie die Mutter sich mit all den Kindern abmüht. Es ist wütend auf den Vater, der sie im Stich lässt oder zu früh verlassen hat, obwohl es ihn sehr liebt. Derart verwirrende Gefühle sind ein guter Nährboden für Krebserkrankungen. Oft sind Krebskranke auch böse auf Gott. Sie finden das ungerecht und dass sie das nicht verdient haben. Sie akzeptieren die Situation keineswegs und verdrängen alles in ihr tiefstes Inneres.

Hier das Porträt des typischen Krebskranken: Er wird von allen bewundert und ist bekannt für seine Freundlichkeit.

Er setzt sich sehr für andere ein, ja kämpft sogar für sie. Alles scheint immer zum Besten zu stehen, doch fühlt er sich oft als Opfer und lässt sich leicht ausnützen, ohne jedoch seine eigene Verantwortung dafür zu erkennen. Er lässt sich seine Energie von seinem unversöhnlichen Hass und seiner heimtückischen Verbitterung auslaugen. Krebskranke lieben intensiv, sind aber auch possessiv und nachtragend. Das alles geschieht ebenso verinnerlicht wie heftig. Um den Ursprung für diesen Hass und damit den Krebs zu entschlüsseln und ihn zu heilen, bekommen wir wertvolle Aufschlüsse bei der Interpretation des betroffenen Körperteils.

Bei **Nervenproblemen** schickt der Körper eine Nachricht, dass wir besser mit den anderen kommunizieren und ihnen zuhören sollten. Wir dürfen nicht alles dramatisieren und sollten mehr Freude an Kleinigkeiten haben, indem wir alle Augenblicke der Gegenwart genießen.

Multiple Sklerose betrifft vor allem chronische Perfektionisten, die äußerst streng mit sich selbst sind. Sie machen sich das Leben schwer und bemühen sich sehr um alles, was sie anpacken. Sie meinen, leiden zu müssen, um zu erhalten und zu verdienen, was sie besitzen oder haben möchten. Sie wollen sich ständig selbst übertreffen und finden sich nie gut und perfekt genug. So machen sie wesentlich mehr als nötig und wollen dafür anerkannt werden. Sie sind empört darüber, dass andere ebenso viel oder gar mehr als sie bekommen, weil sie davon ausgehen, mehr geleistet zu haben. Sie verfügen oft über übersinnliche Kräfte, können unter Platzangst oder anderen Ängsten leiden und brauchen schließlich wirklich die Hilfe anderer, die sich um sie kümmern. Sie kritisieren sich ständig selbst und folglich auch ihr ganzes Umfeld. Am liebsten würden sie sich selbst um alles kümmern, weil die anderen es ihnen nie recht machen können. Schließlich sind sie jedoch völlig abhängig von anderen, um zu lernen, dass jeder sein Bestes gibt.

Anorexie und **Bulimie** (**Magersucht** und **Fresssucht**) zeigen, dass die Betreffenden sich gegen das Leben selbst sträuben. Sie akzeptieren nicht, auf dieser Erde zu sein, weisen sich selbst und ihren Körper zurück. Sie „heben" sehr leicht in die Astralwelt ab und sehnen sich nach dem Jenseits. Magersüchtige weisen die Nahrung und somit die Mutter zurück, die sie hassen oder deren Art zu lieben sie nicht akzeptieren. Fresssüchtige essen so viel sie können, um sich den Eindruck zu geben, ihre Mutter zu verzehren, die sie dadurch ihrer Macht berauben wollen. Mager- wie Fresssüchtige müssen akzeptieren, dass sie sich diese Mutter für dieses Erdenleben ausgesucht haben, da sie etwas Bestimmtes mit ihr zu regeln haben. Wie alle anderen Menschen auch müssen sie lernen zu lieben, um geliebt werden zu können, die Schönheit in allen Dingen zu erkennen, ihren Körper zu schätzen und mit ihm in Kontakt zu treten. Sie sollten sich körperlich mehr verausgaben und sich von Mutter Erde ernähren lassen.

Agoraphobie ist eine unangemessene Angst vor freien Räumen in der Öffentlichkeit. Sie wird auch als **Platzangst** bezeichnet, wenn dieser Begriff auch fälschlich für die Angst vor engen Räumen, also die Klaustrophobie, verwendet wird. Platzangst ist eine unbewusste Angst vor dem Tod, die meist auf einen Mutterkonflikt zurückgeht. Die Mutter wird zwar geliebt, zugleich aber auch ständig kritisiert. Die Betroffenen wollen sich die Abhängigkeit von ihrer Mutter nicht eingestehen. Manchmal verfügen sie über übersinnliche Kräfte und sind hochsensibel. Sie nehmen alle Emotionen ihrer Mitmenschen wahr und fühlen sich verantwortlich für deren Glück und Unglück. Die Platzangst scheint bei einschneidenden Ereignissen wie Geburt oder Tod besonders stark zu werden. Die Betroffenen müssen unbedingt wissen, dass all das nichts mit Wahnsinn zu tun hat; es muss ihnen lediglich gelingen, ihre Ängste in die Hand zu bekommen. Das wird nicht auf einmal vonstattengehen, aber mit etwas Geduld sind sie ohne Weiteres zu bewältigen. Der erste und wichtigste Schritt hierbei ist, die eigene Mutter ohne Vorbehalte lieben zu lernen, ohne unser eigenes Glück von ihr abhängig zu machen.

Hautprobleme (wie **Ekzeme, Gürtelrose, Nesselfieber, Kupferausschlag** usw.) stehen in Zusammenhang mit unserer Persönlichkeit. Die Betreffenden messen der Meinung von anderen über sie viel zu große Bedeutung bei, und diese Haltung hindert sie daran, wirklich zur Tat zu schreiten. Solche Menschen haben Angst, sich verletzen zu lassen, und setzen alles daran, geliebt zu werden. Sie sind nicht wirklich sie selbst, sondern verhalten sich so, wie sie glauben, dass man es von ihnen erwartet. In ihrem Inneren widerstrebt ihnen diese Haltung jedoch und sie machen sich Vorwürfe dafür. Ihre Haut spiegelt lediglich wider, dass sie sich selbst nicht lieben, dass sie sich weder für schön noch für angenehm halten. Je mehr wir uns jedoch selbst zurückweisen, desto mehr fürchten wir, von den anderen zurückgewiesen zu werden, und desto mehr haben wir den Eindruck, dass genau das geschieht. Es ist höchste Zeit, dass wir uns Komplimente machen und das wunderbare Wesen entdecken, das uns innewohnt.

Hautrötungen treten bei Menschen auf, die in kindlicher Weise Aufmerksamkeit erheischen wollen. Sie sind ungeduldig, da sie etwas Bestimmtes schaffen oder auf Anhieb schaffen möchten. Ihr Körper sagt ihnen, dass sie sich selbst lieben, weniger von den anderen abhängig sein sollten, um glücklich zu sein, und die anderen ebenso wenig kontrollieren können wie sich selbst.

Blaue Flecken entstehen zumeist durch Quetschungen ohne offene Wunden. Sie gehen darauf zurück, dass wir der Meinung anderer über uns einen viel zu großen Stellenwert beimessen. Machst du dir vielleicht Vorwürfe, weil du deines Erachtens zu schwach oder machtlos in den verschiedenen Alltagssituationen bist? Gestehe dir zu, so zu sein, wie du bist. Akzeptiere deine Feinfühligkeit oder deine Ängste und hör auf zu glauben, dass du für die anderen stark sein musst.

Pickel sind ein Zeichen von Ungeduld sich selbst gegenüber und von Angst, nicht über genug Zeit oder Wissen zu verfügen, um etwas Bestimmtes zu bewerkstelligen. Außerdem zeugen sie davon, dass wir zu viel auf die Meinung anderer über uns geben. Pickel im Gesicht deuten darauf hin, dass wir fürchten, das vor unseren Mitmenschen „das Gesicht zu verlieren". Wir meinen, in einem bestimmten Bereich Erfolg haben zu müssen, fürchten jedoch, der Aufgabe und den Erwartungen nicht gewachsen zu sein. Die Nachricht des Körpers lautet, uns zu entspannen, nicht so hohe Ansprüche an uns zu stellen und aufzuhören zu glauben, dass die anderen ebenso hart über uns urteilen.

Schuppenflechte oder **Psoriasis** ist eine Hautkrankheit, für die sich viele schämen. Die Scham ist auch das bezeichnendste Element dieser Erkrankung. Die Betroffenen sind sehr streng mit sich selbst, da ihr Selbstbild und ihre Erscheinung nach außen sehr große Bedeutung in ihrem Leben gewonnen haben. Sie haben sich einen Panzer geschaffen, durch den sie sich unverletzbar wähnen. Dennoch schämen sie sich für das, was sie sind oder tun, und klagen sich dafür an. Sie haben ein enormes Bedürfnis, geliebt zu werden. Die meisten haben ein Problem mit dem Elternteil des anderen Geschlechts zu klären. Der von der Schuppenflechte befallene Körperteil gibt recht genauen Aufschluss über die diesem Schamgefühl zugrunde liegende Problematik. So zeugt Psoriasis am Kopf von einer Scham vor dem, was wir sind oder denken. Vielleicht handelt es sich hier um Außenseiter der Gesellschaft oder um Personen, die meinen, zu viel oder zu wenige Kenntnisse zu haben, wenn sie sich mit anderen vergleichen. Schuppenflechte an den Händen zeigt, dass wir uns dafür schämen, etwas getan oder aber auch nicht getan zu haben. Die Botschaft ist klar! Dein Körper sagt dir, dich ohne Selbstanklage und Scham zu akzeptieren, da Letztere dich ständig zur Selbstkontrolle drängt. Dadurch legst du dir eine Persönlichkeit zu, die dir gar nicht entspricht. Schämst du dich, so hab Mitleid mit dem Aspekt deines Inneren, der da leidet und sich schämt.

Ein **Ödem** ist eine Einlagerung von Flüssigkeit im subkutanen Gewebe, die dir die Frage stellt: „Wen willst du nicht gehen lassen? Woran klammerst du dich so verzweifelt?" Lass los und du wirst dich endlich frei fühlen."

Juckreiz zeugt von unerfüllbar scheinenden Wünschen. Die Betreffenden haben unbändige Lust, etwas zu tun, dass es sie regelrecht „juckt". Sie geben diesen Wünschen nicht nach oder haben große Schuldgefühle, wenn sie es tun. Lebe den Augenblick intensiver!

Probleme mit **trockener Haut** deuten auf eine zu harte und trockene Haltung sich selbst und seinen Mitmenschen gegenüber hin. Durch eine solche Haltung versucht die betreffende Person große Verletzbarkeit zu verbergen. Es handelt sich um eine Form der Selbstkontrolle, die sie von anderen übernommen hat. Hier müssen wir lernen, wir selbst zu sein und unsere Verwundbarkeit ebenso zu zeigen wie unsere Gefühle.

Eingeschlafene Gliedmaßen deuten darauf hin, dass wir unsere Emotionen einstellen wollen. Häufig handelt es sich hierbei um Schuldgefühle oder eine gewisse Feinfühligkeit, die wir uns nicht eingestehen wollen. Wir müssen lernen, mit unserer Sensibilität umzugehen und ihre Vorteile zu erkennen. Es sind vielmehr die von unserem Verstand geschürten Emotionen, die uns schaden.

Lepra ist ein Zeichen völliger Unfähigkeit, sein eigenes Leben zu führen. Sie betrifft Menschen, die meinen, nicht gut, sauber oder innerlich rein genug zu sein.

Lupus oder **Wolf** ist eine Form von Hauttuberkulose, zu der es bei Menschen kommt, die aufgegeben haben oder lieber zurückstecken, als sich zu behaupten. Die Betroffenen haben viel Zorn aufgestaut und bestrafen sich so dafür.

Scabies oder **Krätze** ist eine ansteckende Hautkrankheit. Sie kommt bei Menschen vor, die sich durch andere aus der Bahn bringen lassen. Sie sind äußerst reizbar und leicht aufgebracht. Dieses Problem kann nur dadurch überwunden werden, dass wir die anderen so sein lassen, wie sie wollen, andererseits aber auch unsere eigenen Bedürfnisse erkennen und erfüllen zu lernen.

Sklerodermie ist eine Erkrankung, die sich durch die Verhärtung der Haut äußert, wodurch diese ihre Geschmeidigkeit und Beweglichkeit verliert. Sie betrifft Menschen, die sich nicht in Sicherheit oder gar bedroht fühlen und Schutz vor der Außenwelt suchen. Sie können ihr Problem überwinden, wenn sie erkennen, dass Gott sie immer und überall beschützt und dass ihnen dieser Schutz zuteil wird, wenn sie Liebe spenden.

Gürtelrose ist eine Erkrankung bei sehr angespannten Personen, die Angst vor der Zukunft haben. Sie sind meist hochsensibel und stehen dem Kommenden eher defätistisch gegenüber.

Impetigo oder **Grindflechte** betrifft vor allem Kinder. Die Haut ist ja unser Schutz nach außen. Hautprobleme lassen daher immer darauf schließen, dass die Außenwelt uns zu leicht nahegeht und wir das Gefühl haben, uns nicht beschützen zu können. Wir müssen den Kontakt zu unserer inneren Kraft herstellen und lernen, uns besser zu behaupten. Wir dürfen wir selbst sein!

Vitiligo, auch **Weißfleckenkrankheit** oder **Scheckhaut** genannt, ist ein Problem mit der Pigmentierung der Haut, die stellenweise weiß wird. Diese Erkrankung betrifft vor allem Personen, die meinen, anderen – insbesondere des anderen Geschlechts – zu Hilfe eilen zu müssen. Kümmern sie sich jedoch um sich selbst, so halten sie sich für Egoisten und leiden an Schuldgefühlen. Sie gestehen sich nicht das Recht zu, „ihre eigene Haut zu retten". Die meisten fühlten sich schon als Kinder nicht wohl in ihrer Haut. Sie suchten sich selbst und fanden sich nur zum Teil. Sie müssen lernen, ihre eigenen Grenzen zu respektieren und sich um sich selbst zu kümmern, ohne sich dafür Vorwürfe zu machen. Sie müssen erkennen, dass sie nicht auf der Welt sind, um all ihre Mitmenschen zu retten, und sollten versuchen, den Kontakt zu dem außerordentlichen Wesen aufzunehmen, das in ihnen steckt.

Warzen sind ein Zeichen von großem Kummer. Wir haben es hier mit Menschen zu tun, denen es schwerfällt, die schönen Seiten des Lebens zu erkennen. Sie füllen den Mangel an Zuneigung mit etwas Hässlichem, einer Warze. Ist das der Fall bei dir, dann suche nach der darin enthaltenen Botschaft, in welchem Bereich dir dieser Blick für das Schöne abhandengekommen ist. Der betroffene Körperteil wird dir dabei helfen.

Furunkel sind eine Form der Vergiftung und betreffen Menschen, die innerlich kochen und deren Zorn drauf und dran ist, aus ihnen herauszubrechen. Der Körper versucht den Betreffenden klarzumachen, dass sie diesem Zorn mit einer gewissen Mäßigung Ausdruck verleihen sollten, anstatt ihn zu verdrängen.

Unser Knochengerüst steht für die Autorität. **Knochenbrüche** oder –schmerzen können also als Reaktion auf eine bestimmte Autorität verstanden werden. Anstatt Angst davor zu haben, sollten wir erkennen, dass auch wir über Autorität verfügen. Brechen wir uns bei einem Unfall einen Knochen, so verweigert sich unser Körper gegenüber gewissen Schuldgefühlen. Er teilt uns mit, dass niemand sich verletzen sollte, um sich für Dinge zu bestrafen, für die er ohnehin keine Schuld trägt.

Osteomyelitis ist eine infektiöse Entzündung des Knochenmarks, die vor allem Menschen betrifft, die frustriert und wütend auf ihr Leben sind. Dazu gehören oft Jugendliche, die das Gefühl haben, nie unterstützt zu werden. Sie müssen lernen zu verstehen, dass das Universum jederzeit bereit ist, ihnen zu helfen, wenn sie dieser Hilfe offen gegenüberstehen.

Allergien deuten auf feindselige Gefühle gegenüber anderen hin. Sie betreffen vor allem Personen, die ihre eigene Kraft vernachlässigt haben und sich von der ihrer Mitmenschen zu sehr beeindrucken lassen. Sie sind meist sehr empfindlich. Sie müssen ihre Kräfte entdecken, wenn sie ihr eigenes Leben gestalten wollen.

Leuten mit Nahrungsmittelallergien fällt es besonders schwer, neue Ereignisse zu akzeptieren. Sie haben Angst vor dem Unbekannten und glauben nicht, dass das Leben ihnen dadurch auch gute und schöne Dinge bereithalten könnte. Daher sind sie allergisch auf die Dinge, die sie am meisten mögen, wodurch sie sich diese vorenthalten müssen. Allergien auf Staub oder Tiere zeugen davon, dass die Aggressivität anderer nicht akzeptiert wird. Nun übernehmen Staub oder Tierhaare die Rolle dieser Aggression von außen. Wir müssen erkennen, dass sich hinter der aggressiven Haltung unserer Mitmenschen Angst oder der ungelenke Versuch verbirgt, Liebe zu äußern, der durch unkontrollierte Emotionen verzerrt wird. In jedem Fall ist es für die Betroffenen interessant, einmal darüber nachzudenken, was in den 24 Stunden vor dem Ausbruch der Allergie geschehen ist. Auf wen oder was sind wir wirklich allergisch? Oft handelt es sich hierbei um jemanden, von dem wir abhängen. Die

Allergie will uns klarmachen, dass wir diese Abhängigkeit überwinden sollten.

Ein **Fieberschub** geht auf einen Stau zurückgehaltenen Zorns zurück. Das Fieber ist das Mittel des Körpers, diesen Zorn zu verbrennen. Nur so kann er sich wieder ins Gleichgewicht bringen und die nötige Harmonie herstellen. Ist das Fieber vorüber, dann ist es wichtig, die Ursachen der Wut zu ermitteln und sie zum Ausdruck zu bringen, anstatt weiterhin Zorn aufzustauen, bis er sich abermals auf diese Weise Luft verschafft.

Plötzliche und **akute Schmerzen** sind meist ein Zeichen von Schuldgefühlen. Sehr oft versuchen wir diese durch eine Form der Selbstbestrafung zu überwinden. Unser Körper will uns klarmachen, dass solche Schuldgefühle absolut unnötig sind. Ich habe dir bereits weiter oben den Rat gegeben, dich in solchen Fällen zu fragen, ob dich tatsächlich eine Schuld trifft. Über die Ursachen gibt dir der betroffene Körperteil genauere Aufschlüsse.

Jede Form von **Entzündung** oder **Infektion** ist eine Reaktion des Körpers auf verschiedene Reizstoffe. Da sie oft mit Fieber einhergehen, lautet die Nachricht des Körpers: „Es ist höchste Zeit, damit aufzuhören, dich so leicht aufregen zu lassen und so viel Zorn zu empfinden. Was reizt dich denn so stark? Sind es die anderen, dann analysiere, inwiefern sie deine eigenen Züge widerspiegeln (siehe 2. Kapitel). Hör auf, dich ständig zu kritisieren, und mache dir lieber Komplimente."

Muskeldystrophie deutet auf Ängste und starkes Verlangen hin, alles zu kontrollieren. Das erzeugt großen Stress, der den Körper ermüdet. Schließlich verlieren wir jegliche

Kontrolle und lassen uns von der Gesellschaft kontrollie-ren. Dieser Kontrollversuch geht darauf zurück, dass wir uns nicht gut genug fühlen, uns das aber nicht anmerken lassen wollen. Unser Körper versucht uns hier mitzuteilen, dass wir die Kontrolle je nach unseren Bedürfnissen übernehmen oder aber auch anderen überlassen können, dabei aber zu unseren Ängsten zu stehen.

Die **Alzheimer-Krankheit** ist ein Weg, sich allen Verant-wortungen zu entziehen. Sie ist recht häufig beim Ältesten von mehreren Geschwistern, der sich oft schon früh um die anderen zu kümmern hatte. Diese Krankheit ermöglicht es ihm, sich nun endlich auch einmal von den anderen um-sorgen zu lassen. Sein Körper sagt ihm, dass er durchaus das Recht hätte, keine Verantwortung mehr zu übernehmen und dies seinen Nächsten mitzuteilen, ohne dafür krank werden zu müssen. Diese Erkrankung betrifft vor allem Menschen mit regem Verstand, die diesen zu kontrollieren suchen. Da im Verstand jedoch auch die Erinnerungen aufbewahrt werden und niemand sich pausenlos unter Kontrolle haben kann, so ist der Gedächtnisschwund ein Weg, um diese Kon-trolle loszulassen.

Gelenkprobleme deuten auf Starrheit in Bezug auf be-vorstehende Richtungswechsel des Lebensweges hin. Der Körper sagt uns, wir sollten flexibler sein und mit mehr Zuversicht und Vertrauen diese neue Etappe auf unserem Lebensweg beschreiten, da das Universum sich immer um uns kümmert. Es gibt immer und überall eine Lösung, da das Leben keine Fehler kennt, sondern nur neue Erfahrungen, durch die wir lernen.

Arthritis betrifft vor allem Menschen, die sich nicht geliebt fühlen und sich selbst und ihre Mitmenschen innerlich ständig kritisieren. Sie rationalisieren sehr und sind sich des Umstandes, dass sie viele Enttäuschungen erfahren und sehr verbittert sind, durchaus bewusst. Ihr Körper sagt ihnen, nicht alles einzustecken und ihre Ansichten zum Ausdruck zu bringen, auch wenn sie dabei „Nein" sagen müssen. Sie müssen aufhören, sich anzupassen, nur um anderen eine Freude zu machen. Außerdem sollten sie erkennen, dass sie keineswegs von den anderen ausgenützt werden. Sie hängen sich viel zu sehr an die Vergangenheit, anstatt in der Gegenwart zu leben. Sie müssen lernen, die Verantwortung für ihre Emotionen und Erfahrungen zu übernehmen, anstatt sich darüber zu beschweren und die anderen in der Hoffnung zu kritisieren, sie verändern zu können.

Für **Rheumatoide Arthritis** oder **Polyarthritis** gelten dieselben Ausführungen, nur sind hier sowohl die Ängste als auch die Kritik der Autorität noch wesentlich ausgeprägter.

Außerdem erinnern wir uns, dass es sich bei allen Erkrankungen, die auf –itis enden, um verdrängten Zorn handelt, der sich meist gegen uns selbst richtet.

Gicht ist eine Erkrankung, die besonders häufig bei dominanten Menschen vorkommt. Sie kann aber auch Personen betreffen, die nichts mehr vom Leben erwarten, verzweifelt sind, keinerlei Ziele haben und sich für nichts mehr begeistern lassen. Männer sind anfälliger für Gicht als Frauen. In 50 % der Fälle erkrankt zuerst die große Zehe. Dies zeugt von Ungeduld und dem Wunsch, die Zukunft zu beherrschen. Die Betroffenen sollten aufhören, sich Sorgen um die Zukunft zu machen, und Frieden mit sich und der Welt schließen. Sie sollten sich ein Ziel suchen, das ihnen Freude bereitet, anstatt zu glauben, nur Arbeit sei wichtig im Leben.

Verbrennungen zeugen von Zorn, der auf eine Situation zurückgeht, die heftige Gefühlsregungen hervorrief. In der Regel sind wir wütend auf uns selbst. Wir dürfen Folgendes nie aus den Augen verlieren: Jedes Mal, wenn wir wütend sind und Ereignisse aus unserem Umfeld missbilligen, ist es uns lediglich nicht gelungen, die Liebe dahinter zu erkennen. Viel zu oft konzentrieren wir uns auf ein Problem, anstatt zu sehen, dass wir nur aus dieser Situation zu lernen haben.

Zu **Krämpfen** kommt es bei Menschen, die sich mehr oder weniger ängstlich an etwas oder jemanden festklammern. Hier heißt es loslassen und sich dem Schicksal zu überlassen.

Zysten gehen auf Schmerzen der Vergangenheit zurück, die schon zu lange aufrechterhalten wurden. Sie entstehen durch die ebenso häufigen wie energetischen Wiederbelebungen vergangener Leiden.

Zu **Schwindel** kommt es, wenn wir bewusst den Blick von etwas abwenden oder versuchen, bestimmten Situationen zu entkommen. Es ist wichtig, eine gewisse Lebensfreude und ein Gefühl absoluter Sicherheit zu entwickeln. In den meisten Fällen trifft auch die Interpretation der Hypoglykämie zu.

Bewusstlosigkeit ist ein Zeichen von Angst, Machtlosigkeit oder einer Unfähigkeit, sich einer bestimmten Situation zu stellen. In Wirklichkeit sagt uns unser Körper hier: „Los, mach schon! Du kannst es! Du hast alles, was du dazu brauchst."

Bei **Brand** ist die Lebensfreude von sehr negativen und morbiden Gedanken völlig überlagert. Hier heißt es, neue Lebenslust zu gewinnen.

Ein **Eingeweidebruch (Hernie)** kann darauf hindeuten, dass ein Beziehungsbruch nicht akzeptiert oder aber der Wunsch nach einem solchen Bruch nicht zum Ausdruck gebracht wurde. Sie kann auch Menschen betreffen, die sich Vorwürfe machen, weil irgendeine Schwäche sie daran hindert, ihr Leben nach ihrem Geschmack zu gestalten. Auf diese Weise bestrafen sie sich selbst. Diese Verletzung ist typisch für Leute, für die das Leben schwer zu ertragen ist. Die Bedeutung **verrutschter Bandscheiben** ist ähnlich. Die davon betroffene Person hätte hier überdies gerne noch eine größere Unterstützung, wagt aber nicht, sich das selbst oder anderen einzugestehen.

Morbus Hodgkin (Hodgkin-Lymphom) steht in Zusammenhang mit großen Schuldgefühlen. Die Betroffenen haben immer das Gefühl, nicht gut genug zu sein. Sie würden alles tun, um von ihren Mitmenschen akzeptiert zu werden. Man hat das Gefühl, sie nähmen an einem Rennen teil, in dem es darum geht, sich unter Beweis zu stellen. Doch fühlen sie sich nicht nur nicht gut genug, sondern fürchten vor allem, dass andere es ihnen sagen. Diese Haltung führt zu Wünschen, die sie selbst nicht mehr kontrollieren können.

Unter **Schlaflosigkeit** leiden besonders Menschen mit übergroßer geistiger Aktivität. Diese wird ihrerseits von Ängsten, Schuldgefühlen und mangelndem Vertrauen in die Vorsehung beeinflusst. Solch nervöse Menschen können ihre Gedanken nur schwer im Zaum halten. Sie wissen nicht einmal, welche Denkweisen ihnen vorteilhaft sind und welche nicht. Sie ändern ständig ihre Ansichten. Es ist höchste Zeit, dass sie weniger denken und mehr handeln.

Die **Narkolepsie** oder **Schlafkrankheit** äußert sich durch einen starken Schlafdrang und eine tief greifende Störung der Schlafrhythmik. Sie deutet auf die Unfähigkeit hin, bestimmte Dinge anpacken oder zu Ende bringen zu können. Der Betroffene hat Angst, weigert sich oder ist außerstande, die Dinge zu ändern, die sein Leben unerträglich werden lassen. Diese Machtlosigkeit und Weigerung führen zu einer Flucht in den Schlaf. Er muss lernen, den göttlichen Plan zu akzeptieren und zu erkennen, dass er immer und überall unterstützt wird.

Neuralgien treten vor allem bei Menschen auf, die sich wegen gewisser Schuldgefühle bestrafen. Sie haben Kommunikationsschwierigkeiten, die sie recht ängstlich werden lassen.

Lähmungen lassen auf große Ängste schließen und sind eine Flucht aus einer bestimmten Situation. Wir sträuben uns gegen Umstände, die nicht in die gewünschte Richtung gehen, und versuchen, ihnen auf diese Weise zu entkommen. Wir sollten erkennen, dass wir jeder Situation gewachsen sein können.

Kinderlähmung (Poliomyelitis) tritt bei extrem eifersüchtigen Menschen auf, die andere zurückhalten wollen. Diese Krankheit will uns sagen, dass es genug für alle Menschen auf der Welt gibt und dass Possessivität uns nie guttut.

Die **Parkinson-Krankheit** geht auf den Wunsch zurück, alles kontrollieren zu wollen. Natürlich verstecken sich dahinter verschiedene Ängste. Wollen wir zu sehr kontrollieren, so verlieren wir die Kontrolle schließlich ganz. Wir müssen lernen, uns zu entspannen und dem Leben zu vertrauen.

Tollwut ist eine durch den Rabies-Virus verursachte Erkrankung, die meist durch Tierbisse übertragen wird. Sie basiert auf der Überzeugung, dass Konflikte durch Gewalt gelöst werden können. Die Betroffenen haben viel Wut und Gewalt in ihr tiefstes Inneres verdrängt.

Alle **arteriellen Probleme** deuten auf einen Mangel an Lebenslust hin, die das Blut versinnbildlicht und die von den Arterien in unserem Körper verteilt wird. Wir müssen lernen, uns nicht nur bei bestimmten Anlässen zu freuen, sondern unser ganzes Leben in Freude zu führen.

Ein **Mangel an Blutplättchen** erschwert die **Blutgerinnung**. Da das Blut für unsere Lebenslust steht, handelt es sich hier um Menschen, denen das Loslassen schwerfällt. Widerstrebt ihnen etwas, so nähren sie das Problem und vergrößern dadurch den Verlust an Lebensfreude. Diese Haltung kann zum Ziel haben, mehr Aufmerksamkeit zu erhalten. Der Körper rät hier dazu, mehr Energie in Dinge zu investieren, die Freude machen, anstatt in solche, die sie uns verderben.

Rheuma ist eine typische Erkrankung für Menschen, die sich ständig als Opfer fühlen und nicht Nein sagen, wenn sie eigentlich das Gegenteil vorziehen würden. Auch dieses Gesundheitsproblem geht auf das Gefühl zurück, nicht geliebt zu werden und alles Mögliche tun zu müssen, um die Liebe der Nächsten zu gewinnen. Der Fehlschlag dieses Unterfangens führt zu Verbitterung und Enttäuschung.

Das **Lymphsystem** ermöglicht den Nahrungsaustausch zwischen den Körperzellen. Die Lymphflüssigkeit enthält die weißen Blutkörperchen, die uns gegen eindringende Mikroben schützen. Probleme des Lymphsystems sind ein

Anstoß, unsere Denkweisen zu revidieren. Wir müssen lernen, unsere Prioritäten zu setzen und unsere Lebensfreude und Liebe zum Ausdruck zu bringen.

Kopfgrind und **Schorf** sind Hautkrankheiten, die besonders bei Menschen auftreten, die sich leicht von den anderen aus der Bahn bringen lassen. Sie fühlen sich nicht schön, gut oder rein genug und lassen sich von ihren Mitmenschen beherrschen.

Tetanus (Wundstarrkrampf) ist ein Zeichen für großen verdrängten Zorns. Die Betroffenen hegen sehr viele negative Gedanken, die sie nicht zum Ausdruck bringen können. Sie schlucken und ersticken sie tief in ihrem Inneren.

Tuberkulose kann mehrere Organe betreffen, nicht nur die Lunge. Sie befällt besonders egoistische und possessive Menschen, die über Rachegedanken brüten. Sie müssen unbedingt lieben lernen.

Tumoren, Zysten und **Polypen** entwickeln sich vor allem bei Menschen, die Leid, Liebeskummer oder Gewissensbisse aus der Vergangenheit mit sich herumtragen und nähren. Sie müssen lernen, sich in Liebe zu entfalten und das Buch der Vergangenheit zu schließen.

Ein **Abszess** ist eine Ansammlung von Eiter, im übertragenen Sinn von abwegigen und negativen Gedanken. Ebenso wie in allen anderen Bereichen müssen wir auch in unserer Gedankenwelt aufräumen, da sich sonst Unordnung, Schmutz und Entzündung ansammeln. Hier muss also saubergemacht werden. Versuche deine Rachegelüste durch Liebe und Verständnis zu ersetzen. Hör auf, dich ständig auf die unliebsamen Ereignisse der Vergangenheit zu konzentrieren. Der betroffene Körperteil wird dir diesbezüglich nähere Aufschlüsse geben. Handelt es sich dabei um die Geschlechtsorgane, so liegt die Problematik in deinem Liebes- oder Sexualleben. Ein Abszess am Ohr deutet auf Gehörtes hin usw.

Blutarmut (Anämie) zeugt von einem radikalen Verlust an Lebensfreude. Die davon betroffene Person zögert, weiterzuleben. Sie sollte ihr Leben, ihre Mitmenschen, ihre Arbeit aus einem anderen Blickwinkel sehen lernen, um zu entdecken, wie viel Freude all das bereiten kann. Jeder Mensch ist eine Zelle der großen Einheit unserer Welt. Jede dieser Zellen muss gesund sein, damit die Erde wieder gesund werden kann.

Drüsenerkrankungen kommen oft bei Menschen vor, die sich nicht entschließen können, zur Tat zu schreiten. Ihr Körper sagt ihnen, sich selbst und ihrer Kreativität zu vertrauen und einfach den ersten Schritt zu tun.

Überbeine gehen auf Bedauern zurück. Bestimmte Dinge laufen nicht nach Wunsch, was wir jedoch niemandem sagen. So häufen sich die damit verbundenen Gefühle in unserem Körper an. Abermals kann uns die Stelle der Geschwulst näheren Aufschluss über ihre genaue Bedeutung liefern. Wir sollten unsere Gefühle unbedingt zum Ausdruck bringen, anstatt sie zu verdrängen und unsere Vergangenheit zu bereuen. Es kann uns helfen, unsere Kreativität durch Dinge auszudrücken, die uns Freude machen.

Zu starken **Blutungen** kommt es, wenn wir uns lange in einer Situation zurückgehalten haben, die uns das Leben vergällt. Verschiedene Ängste haben uns bisher daran gehindert. Nun haben wir es satt, uns zurückzuhalten, und lassen alles los – aber auch unsere Lebensfreude. Hier teilt uns unser Körper mit, dass wir unsere Umwelt etwas genauer betrachten sollten, um wieder Spaß am Leben zu haben. Wie soll unsere Lebenslust sich auch entfalten, wenn wir all unsere Energie dazu aufwenden, uns auf unsere Probleme zu konzentrieren?

Malaria führt zu heftigen Fieberschüben, die ein Ausdruck der Wut eines Menschen sind, der noch immer böse wegen einer unliebsamen Situation oder eines Konflikts ist. Solcher Zorn wird oft über Fieber abgebaut. Neben der körperlichen Behandlung muss er sich unbedingt auch geistig und emotional von dieser Altlast befreien.

Seekrankheit oder **Übelkeit im Auto oder Flugzeug** kommt meist bei Personen vor, die fürchten, die Kontrolle zu verlieren, wenn sie die Füße nicht mehr auf dem Boden haben. Durch dieses Problem wird klar, dass die Betreffenden noch nicht erkannt haben, dass sie trotz allem Herr ihres Lebens sind und dass sie über all diese Kräfte verfügen, um sie einzusetzen. Ab dem Zeitpunkt, an dem sie beschließen sich ihrer zu bedienen, wird ihnen auch klar, dass sie nie Gefahr laufen, die Kontrolle über ihr Leben zu verlieren. Doch wollen sie oft mehr als nur ihr eigenes Leben kontrollieren. Sie müssen lernen, auch ihren Mitmenschen Freiraum zu lassen, und sollten sich vorrangig um sich selbst kümmern. Plötzlich wird sich dann auch ihre innere Kraft auftun. Diese Probleme stehen oft auch in Zusammenhang mit einer unbewussten Angst vor dem Tod.

Leute, die sich in vielen Bereichen des Lebens zurückhalten, **schwitzen** stark. Sie verdrängen, was ihnen nicht in den Kram passt, weil sie nicht wollen, dass man ihnen in die Karten sieht, oder aber, weil sie Angst haben, andere zu verletzen. All das findet seinen Weg über den Schweiß nach außen. Die Körperflüssigkeiten stehen für die emotionale Seite unseres Wesens. Laufen unsere Gefühle auf diese Weise über, so bedeutet dies, dass wir sie besser direkt den Leuten mitteilen sollten, die sie betreffen.

Eingeweidewürmer treten vor allem bei Kindern auf, die Ideen „schlucken" müssen, die ihnen nicht wirklich entsprechen. Sie sind traurig über die schlechte Kommunikation mit den Erwachsenen. Sie wissen sehr genau, was Liebe ist, und sind entsetzt, wie fahrlässig die Erwachsenen damit umgehen. Ihr Körper schickt ihnen diese Nachricht, um ihnen zu sagen, dass niemand ihnen befehlen kann, sich den Meinungen anderer anzupassen. Außerdem sind sie keineswegs dazu verpflichtet, allen zu antworten, die an ihre Tür klopfen.

Viren sind von außen kommende Aggressionen. Virale Erkrankungen sind demnach ein Zeichen, dass wir uns von bestimmten Ereignissen oder Personen aus der Bahn bringen lassen. Gelingt es uns, diese Störfaktoren bewusst wahrzunehmen, haben wir uns wieder ein Stückchen besser kennengelernt (siehe 2. Kapitel). Auch hier gibt das betroffene Organ wertvolle Informationen über diese Störfaktoren und ihre Ursachen.

Eine **zystische Fibrose** ist typisch für Pessimisten und ewige Opfer. Sie müssen lernen, sich selbst in die Hand zu nehmen und zu akzeptieren, dass sie eine Offenbarung Gottes sind, wie alle anderen auch.

Rachitis betrifft vor allem Kinder. Hier handelt es sich in erster Linie um affektive Unterernährung. Auch wenn das Kind von den Eltern geliebt wird, so spürt es diese Liebe nicht und ist dadurch sehr verunsichert. Seine Eltern können ihm beistehen, indem sie ihm helfen, auf seine eigenen Bedürfnisse statt auf die seiner Eltern zu hören.

Senilität ist eine Rückkehr zur Sicherheit und Fürsorge des Kleinkindalters. Sie ist zugleich Mittel zur Flucht und zur Kontrolle. Die Betroffenen sollten erkennen, dass der göttliche Schutz Menschen jeden Alters zuteil wird und sie nicht in die Senilität flüchten müssen, um die gewünschte Aufmerksamkeit zu erlangen. Es genügt zu säen, um zu ernten.

Die **Arthrose** ist eine Erkrankung der Gelenke, die vor allem Menschen betrifft, die nicht flexibel genug mit sich selbst umgehen. Sie sollten die Motivation für dieses Verhalten etwas hinterfragen. Es kann sich jedoch auch um Personen handeln, die den Eindruck haben, etwas oder jemanden schon seit Langem ertragen zu müssen. Ihr Körper sagt ihnen, dass sie flexibler sein und sich mehr um das Glück ihrer Mitmenschen kümmern sollten, indem sie deren freien Willen respektieren und sie nicht mehr mit allen Mitteln verändern wollen.

Alle **Kinderkrankheiten,** die mit Fieber einhergehen, wie Windpocken, Masern, Röteln, Mumps oder Keuchhusten, sind Ausdruck unterdrückter Wut beim Kind. Die meisten betreffen Hals, Nase, Ohren, Augen oder Haut. Das Kind soll durch die Krankheit lernen, sich nicht von all dem stören zu lassen, was es sieht, hört oder fühlt. Es muss die Welt der Erwachsenen mit all seinen Leiden und Ängsten akzeptieren, auch wenn sie ihm nicht gefällt. Außerdem sollte es lernen, seinem Zorn Ausdruck zu verleihen, ohne fürchten zu müssen, dafür nicht mehr geliebt zu werden.

Bei **Scharlach** kommt es zu sehr hohem Fieber, Halsschmerzen, Schwellung der Lymphknoten im Hals, Kopfschmerzen und Erbrechen. All diese Aspekte haben demnach ihre Bedeutung bei dieser Krankheit und mehere Botschaften sind mit dieser verbunden. Allgemein gesehen handelt es sich um unterdrückten Zorn auf andere oder auf sich selbst. Dieser Zorn ist stark genug, um uns rot anlaufen zu lassen. Es ist höchste Zeit, all diese verdrängten Gefühle und Ängste auszudrücken. Du kannst auch unter den Schlagworten *Fieber, Hals, Lymphdrüsen. Kieferprobleme, Kopfschmerzen oder Erbrechen* nachsehen.

**Neben den verschiedenen Interpretationen
der einzelnen Krankheiten solltest du dich fragen,
woran sie dich hindern.**

Bevor wir dieses lange Kapitel der Krankheiten und Gesundheitsprobleme abschließen, möchte ich dich bitten, lange über folgendes Faktum nachzudenken:

Du brauchst weder Pillen noch Behandlungen oder Gebete, um wieder gesund zu werden. Es genügt, dir darüber bewusst zu werden, dass **du selbst die Gesundheit bist. Das vollkommene göttliche Leben altert nicht und wird nicht krank. Als Ausdruck Gottes ist Dein Normalzustand Gesundheit in jeder Hinsicht.** Das Leben kreist immer in deinem Körper, wenn du die universellen Gesetze akzeptierst und anerkennst. Bei Krankheiten wird dieser Energiefluss von Gedanken, Worten oder Taten blockiert, die den göttlichen Gesetzen der Liebe widersprechen.

Willst du die vollkommene Harmonie und Gesundheit Gottes in dir wiederherstellen, so kannst du dir diesen Satz vorsagen, wenn du den Botschaften deines Körpers mit Unverständnis oder Widerstand gegenüberstehst:

Mein Körper ist der vollkommene Ausdruck Gottes. Ich öffne meinen Geist, mein Herz und meinen Körper dem Bewusstsein dieser absoluten Perfektion, die in jeder meiner Zellen steckt.

Stell dir bei der Visualisierung dieser Wahrheit vor, wie Licht dein Inneres durchflutet. Beginne beim Herzen und stell dir dort eine kleine Sonne vor, die immer größer wird, bis jede einzelne Zelle, jeder Körperteil, jedes Organ in ihrem Licht erstrahlt. **Erkenne, dass dein ganzer Körper Licht ist.** Bewahre dieses innere Bild mindestens eine Minute lang, während du den obigen Satz wiederholst.

Zwei weitere Aussprüche von Jesus haben ebenfalls sehr schnelle und starke Auswirkungen, wenn wir versuchen, Gesundheitsprobleme zu überwinden, die auf Ängste, Zweifel oder Unsicherheit zurückgehen. Dazu wiederholen wir mit Überzeugung folgenden Satz:

Ich bin die Auferstehung und das Leben.

Sage dir diesen Satz mehrmals vor und akzeptiere die Vorstellung, dass du selbst dein Leben durch deine inneren Überzeugungen erschaffst. „Auferstehung" bedeutet die Rückkehr vom Tod zum Leben. Ständig entstehen in einem sich immer wieder erneuernden Lebensprozess Millionen neue Zellen in deinem Körper. Werde dir der großen Kraft bewusst, die in dir steckt und dich pausenlos neu erschafft.

Aber auch das **Vaterunser** hat wunderbare und schnelle Auswirkungen. Es handelt sich um das einzige Gebet, das uns direkt von Jesus überliefert ist. Wendest du dich jedoch an diesen Gottvater, so stell ihn dir nicht als alten und sehr beschäftigten Mann vor, der deine Wünsche vielleicht erfüllt, wenn er die Zeit dazu findet, dich anzuhören. Nein, du sprichst mit deinem INNEREN GOTT, der über die Macht verfügt, alles zu schaffen, woran du **glaubst**. Sagst du „im Himmel" so wendest du dich an die höchste Stelle in dir, deinen inneren Himmel. Hierbei kannst du dich auf Deine Scheitelregion konzentrieren und dir hier eine **Christus-Sonne** vorstellen, die in außerordentlichem Licht erstrahlt. Werde eins mit dieser Energie, wenn du die Worte des Vaterunsers sprichst.

Lebe so,

als wäre es

der letzte Tag in deinem Leben,

denn eines Tages

wird es wirklich so weit sein!

12. KAPITEL

Du bist Licht

Jeder Mensch besteht aus Licht. Für die meisten von uns ist dieser Lichtkörper noch nicht sichtbar, aber er ist deshalb nicht weniger wirklich. Das Grundbedürfnis jedes Menschen ist, zu größerer Vollendung zu gelangen und immer mehr zu Licht zu werden. Genau das lehrte auch Jesus und bewies, dass es möglich ist. Er zeigte drei verklärten Jüngern, wie er sich in Licht verwandelte, und wiederholte das bei der Auferstehung. Mehrere Hundert Menschen sahen seinen Körper Licht werden, bevor er vor ihren Augen verschwand, um in die vierte Dimension überzugehen.

Wir leben heute in der dritten Dimension. Im anbrechenden **Wassermann-Zeitalter**, das etwa 2000 Jahre dauern wird, wird die ganze Erde von der dritten in die vierte Dimension eintreten. Dieser Prozess hat bereits begonnen, weshalb wir auch immer größeres Interesse für Kurse, Vorträge und Seminare aus dem Bereich der Spiritualität feststellen. Wir streben nach mehr Erkenntnis. In unserem tiefsten Inneren wissen wir, dass uns immer noch etwas fehlen würde, auch wenn wir alle Reichtümer dieser Welt besäßen. Dieses tiefe Gefühl verbreitet sich immer mehr in der Menschheit und trägt zunehmend zur Entwicklung der Erde bei.

Du weißt, dass alles Leben wachsen muss. Jedes Wachstum bedeutet aber zugleich auch Wandel. Heute ist die Welt an einem großen Wendepunkt angelangt, der schon seit Jahrtausenden von der Bibel und großen Propheten vorausgesagt wurde. Diese Wende ist das Ende der alten und der Beginn einer neuen Welt. Wurde für das Jahr 2000 oder 2012 das Ende aller Zeiten vorausgesagt, so ist dies eine sehr pessimistische Interpretation dieser Prophezeiungen.

Wir alle sind dazu angehalten, unser Licht strahlen zu lassen. Unser Lichtkörper wird weiterhin sichtbar und fühlbar sein. Beherrschen wir diesen Lichtkörper vollkommen, so können wir auch mit anderen Lebensformen auf verschiedenen Ebenen des Universums kommunizieren. Dann können wir auch unsere Schwingungsebene bewusst verändern und sie den Schwingungen diverser Elemente anpassen. Wir werden durch Feuer und über das Wasser gehen können wie Jesus. Wenn der Wandel nach ein paar Jahrhunderten vollzogen ist, wird dieser Körper keine Krankheit mehr kennen. Tausende Menschen sind bereits heute in Kontakt mit ihrem Lichtkörper.

Wir können unser Licht immer stärker erstrahlen lassen, wenn wir uns mit Schönheit und Liebe umgeben, die uns unser inneres Licht vor Augen führen. Dieses Licht ist eine Form der Liebe, die ihre irdische Ausdrucksform ist. Jetzt, wo unsere Energie der Erde zugewandt ist, sollten wir uns alle mit unserem inneren Licht identifizieren. Je schneller wir uns dieses Lichtes bewusst werden, desto rascher können wir uns auch vom Karma befreien, welches unsere Seele seit mehreren Leben angehäuft hat, um schließlich zum Glück zu finden.

Ich möchte noch einmal kurz auf den Begriff des Karmas eingehen, da viele noch Schwierigkeiten haben, ihn nachzuvollziehen. Er basiert auf der Vorstellung, dass das Schicksal aller bewussten Lebewesen durch ihre Vorleben bedingt ist. Dies ist allen Menschen gemein. Solange die Entwicklung eines Menschen nicht abgeschlossen ist, muss seine Seele wieder zu einem neuen Leben auf die Erde zurückkehren, um ihren Lebensweg zu vollenden. Die Seele, die in einen neuen Körper geboren wird, bringt also bereits das ganze „Gepäck" früherer Leben mit sich. Die Ergebnisse aller positiven wie auch negativen Handlungen sind mit Schwingungen in ihr aufgezeichnet. Ein universelles Gesetz besagt, dass wir auf die Erde zurückkommen müssen, um zu erfahren, was andere durch uns erfahren haben. Unsere Schwingungen bewirken Situationen in unserem Leben, die uns mit den Ergebnissen früherer Handlungen konfrontieren, um uns ihrer Folgen bewusst werden zu können. Haben wir also in früheren Leben gegen die Gesetze der Liebe verstoßen, so können wir die dadurch erzeugte Seelenlast nur durch diesen Bewusstwerdungsprozess überwinden. Statt z.B. deinen Eltern dein ganzes Leben lang böse zu sein, kannst du versuchen, Liebe für sie zu empfinden, indem du verstehen lernst, dass sie nach bestem Wissen und Gewissen gehandelt haben und dass dir nicht das Recht zusteht, sie deshalb zu verurteilen. Gelingt es dir einzusehen, dass sie dich so gut liebten, wie sie konnten, auch wenn diese Liebe dir vielleicht nicht entsprach oder ungeschickt war, weil sie vielleicht selbst litten, so hast du bereits den ersten Schritt getan, um dein Herz zu öffnen und einen Akt der Liebe zu vollziehen. Das Licht um dich wird automatisch stärker. Empfindest du diese Liebe nicht nur, sondern erfüllst auch deine Gedanken, Taten und Worte ihnen gegenüber damit, so wird auch deine Ausstrahlung größer.

Das Gesetz des Karmas ermöglicht uns allen also, ins Licht zurückzukehren. Aber auch die Handlungen der Liebe zeichnen sich in unserem Energiekörper auf. Je mehr wir in unseren früheren Leben davon angesammelt haben, desto stärker ist der Schutz unserer Lichthülle und desto sicherer sind wir uns, auch den widrigsten Lebensumständen gewachsen zu sein.

Ein weiterer Weg, unser inneres Leuchten zu mehren, besteht darin, den Kontakt zum Licht Gottes zu wahren. Alles, was in deinem Leben geschieht, was du siehst oder hörst, kann dir helfen, diesen Kontakt mit der großen göttlichen Energie herzustellen, die das Universum erfüllt.

Tägliche Meditation ist ein gutes Mittel, die Verbindung zu unserem inneren Licht zu ermöglichen. Jede Meditationsform, die Stille in deinem Inneren schafft und dir hilft, deine Gedanken zur Ruhe zu bringen, ist dazu geeignet.

Auch folgende Visualisationsübung ist ein ausgezeichnetes Werkzeug: Stell zunächst den Kontakt zu deinem inneren Licht her. Lass es immer größer werden, so dass es schließlich deinen ganzen Körper erfüllt. Beobachte, wie es aus dir strahlt und dich ganz umhüllt. Machst du diese Übung morgens beim Aufstehen, wird dein ganzer Tag anders verlaufen! Du kannst dich jederzeit in einer solchen Lichtaura visualisieren. Stell dir vor, wie dein Licht jeden Ort oder Raum erfüllt, den du betrittst. Probiere es einfach! Es kostet dich nur den Versuch. Es gibt unendlich viel Licht in unserem Universum. Es genügt, Kontakt mit ihm aufzunehmen und sich seiner bewusst zu werden. Tust du das regelmäßig und mehrere Monate lang, so wird sich dein Leben grundlegend ändern. Je mehr du dich mit dem Licht identifizierst, desto mehr wirst du wie ein Sonnenstrahl, der das Leben deiner Umwelt erhellt.

Manchmal durchlaufen wir schwierige Lebensphasen, in denen wir uns fragen, was aus unserem inneren Licht geworden ist. Solche Momente sind vollkommen normal. Sie sind Bestandteil deines großen aktuellen Reinigungsprozesses. Sie entsprechen dem Gesetz der Zyklen. Ist die Nacht nicht kurz vor dem Sonnenaufgang am finstersten? Auch wir durchlaufen unsere dunkelsten Perioden, kurz bevor das Licht wieder erstrahlt. Hast du schon einmal beobachtet, dass wir tief in die Knie gehen müssen, um besonders hoch zu springen? Auch die schwierigen Lebensphasen sind dazu da, uns solchen Schwung zu verleihen. Sie sind wie das Verharren vor einem großen Sprung. Verliere also nie den Mut!

Auf dem langen Weg zum Bewusstsein deines inneren Lichtes wirst du mehrere schwierige Passagen überwinden müssen, die du als Examen verstehen kannst und die überprüfen sollen, ob du weiterhin von deiner Richtung überzeugt bist. Bestehst du diesen Test, ohne dich davon entmutigen zu lassen, so kommst du wie in der Schule in die nächste Klasse. Bestandene Prüfungen musst du nicht wiederholen.

Weißt du, wir nehmen das Leben viel zu ernst! Ist es nicht ein Spiel? Das größte Problem der heutigen Menschheit besteht jedoch darin, es spielen zu wollen, ohne vorher die Anweisungen gelesen zu haben und die Regeln zu kennen. Vor 2000 Jahren kam Jesus auf die Erde, um sie uns beizubringen. Wir haben seine Botschaft kaum verstanden und versuchen heute mit Mühe, sie in die Tat umzusetzen. Wenn Jesus, unser Vorbild, sagt „Ich bin das Licht der Welt", so lehrte er uns, dass Gott Liebe ist.

Der beste Weg, unser inneres Licht erstrahlen zu lassen, führt demnach über die Liebe. Dazu müssen wir uns zuerst der Liebe bewusst werden, die uns umgibt und erfüllt. Das beste Mittel, unsere Liebe wie eine Quelle aus unserer Mitte fließen zu lassen, besteht darin, uns selbst zu lieben, zu bewundern, uns viele Komplimente zu machen und jeden Tag die positiven Dinge zu unterstreichen, die wir gesehen oder erlebt haben. Dein ganzes Leben wird sich wandeln, wenn du dir Zeit nimmst, dankbar für die wunderbare schöpferische Energie zu sein, mit der du dein Leben erschaffen kannst. Du wirst merken, dass dir im Vergleich zu all den schönen und positiven Dingen nur wenige Unannehmlichkeiten passieren.

Die Menschen der heutigen Zeit neigen leider dazu, sich besonders bei den negativen Vorfällen der Existenz aufzuhalten. Wir sind zu Spezialisten des Urteils, der Kritik und der Verurteilung geworden. Jedes Mal, wenn wir über andere richten, sagen wir jedoch nichts anderes als „Ich bin Gott und du bist es nicht!" Wir halten uns für den Mittelpunkt der Erde. Bevor wir uns jedoch anmaßen, über andere zu urteilen, sollten wir analysieren, für welche Aspekte der Situation vielleicht auch wir verantwortlich sind. Geh in dich und versuche, dich und nicht die anderen zu verbessern. Jedes Mal, wenn du negative Haltungen und Worte bei dir entdeckst und sie demzufolge änderst, stärkst du deine Seele und dein Licht leuchtet heller. Deine Lebensbedingungen wandeln sich und damit dein ganzes Leben. Du wirst sogar den Eindruck haben, dass all deine Mitmenschen sich verändern, doch ist diese wesentliche Veränderung in deinem eigenen Inneren geschehen.

Der Wunsch, dich weiterzuentwickeln und Licht zu spenden, muss ein fester Entschluss sein. Du wirst vielen Menschen und Situationen begegnen, die dich scheinbar an diesem Weg hindern wollen. In Wirklichkeit aber kann niemand dich von der Verwirklichung deiner Wünsche abhalten. Nur du selbst verfügst über diese Macht. Leider überlassen wir sie oft anderen im Namen der Liebe. Wir lassen uns von geliebten Menschen beeinflussen, weil wir fürchten, nicht mehr von ihnen geliebt und zurückgewiesen zu werden, wenn wir nicht in dieselbe Richtung wie sie gehen. Versuchen andere, dich von deinem Vorhaben oder deinem neuen Lebensweg abzubringen, so ist dies lediglich ein Zeichen dafür, dass du noch nicht entschlossen genug bist. Sie stellen dich auf die Probe, weil deine Zweifel sie dazu anspornen. Solche Zweifel kommen in deinem Schwingungsfeld zum Ausdruck: „Habe ich wirklich recht? Habe ich die richtige Richtung eingeschlagen?", und schon wird sich jemand finden, der dich vom Gegenteil zu überzeugen sucht!

Nur du allein kannst dein Leben in die Hand nehmen. Geh in dich und nimm dir Zeit, dein Leben genau zu untersuchen, bevor du dich entschließt, was zu tun ist. Bei dieser Analyse kann dir dein Verstand ein wertvoller Verbündeter sein. Vergleiche dein bisheriges Leben mit deiner neuen Richtung. Warst du früher glücklicher oder gesünder? Fühltest du dich wohler in deiner Haut? War mehr Liebe in deinem Umfeld? Hattest du das Gefühl, von Liebe erfüllt zu sein, oder suchtest du dich mit anderen Dingen gut zu fühlen? Nur du allein kannst den besten Weg ermitteln, um Kontakt mit deinem inneren Licht aufzunehmen. Die Antwort liegt in dir selbst.

Nicht die Ereignisse und Umstände deines Lebens zählen, sondern vielmehr, wie du auf sie reagierst. Du hast die Kraft, dein Licht strahlen zu lassen. Die Wahl liegt allein bei dir!

Dieses Licht ist vergleichbar mit einer Glühbirne. Ist der Glühfaden in gutem Zustand? Ist die elektrische Verbindung in Ordnung? Wenn ja, so brennt sie unabhängig von ihrer Größe, Farbe oder Form. Ganz egal, wozu sie früher verwendet wurde oder ob sie einmal schlecht angesteckt gewesen war, alles, was jetzt zählt, ist, dass sie funktioniert. Dein inneres Licht folgt ähnlichen Gesetzen. Doch ist es wesentlich stärker und hat viel größere Auswirkungen. Befinden sich Körper, Geist und Gefühlswelt im Gleichgewicht und stehst du in Verbindung mit der Quelle deiner inneren Kraft, durch die Gott in dir zum Ausdruck kommt, so strahlt dein Licht sehr stark und weit. Es erleuchtet nicht nur dich, sondern auch deine Mitmenschen. Seine Helligkeit ermöglicht es dir, die Dinge klar zu sehen.

Wir müssen dieses Licht nicht eigens schaffen. Es ist bereits in uns! **Wir sind Licht!** Ein wichtiger Schritt ist die Erkenntnis dieser Wahrheit. Es ist ebenso wichtig, den Kontakt mit diesem Licht herzustellen und es strahlen zu lassen. Manche sprechen davon „Licht zu suchen oder zu tanken". Dem liegt die Ansicht zugrunde, es läge außerhalb. Auch wenn wir kosmische oder tellurische Energie tanken, so stellen wir lediglich eine Verbindung zwischen der Energie von Himmel und Erde mit unserem inneren Licht her. Auch so können wir das Bewusstsein der Einheit entwickeln. In dieser Einheit entdeckt der Mensch, dass er alles bewerkstelligen kann und ihm nichts unmöglich ist.

Dasselbe gilt für all jene, die es eilig haben, reich zu werden. Der Reichtum kommt jedoch nicht von außen, sondern ist bereits da. Er steckt in jedem von uns. **Du bist der Reichtum!** Es genügt, Kontakt mit dieser großen Kraft in dir aufzunehmen. Leider kann unser Denken diesen Kontakt ebenso leicht auch wieder abreißen lassen. Das geht so schnell, wie wir den Lichtschalter beim Verlassen eines Raumes ausknipsen. Das heißt jedoch noch lange nicht, dass es keinen Strom mehr gibt! Der Strom bleibt, und es genügt, das Licht wieder anzuschalten. Lasse ich die Sonne scheinen, nur weil ich am Morgen die Vorhänge aufziehe? Die Sonne war doch schon längst da. Niemand lässt die Sonne scheinen oder verschafft sich Reichtum. Es genügt, uns des Umstands bewusst zu werden, dass er ebenso da ist wie die Sonne oder der Strom.

Dasselbe gilt für unsere Gesundheit. **Du bist selbst die Gesundheit!** Das Fehlen von Gesundheit ist wie das Fehlen von Licht. Erkenne die Wirklichkeit! Der normale menschliche Körper ist gesund.

Viele Menschen beten zu Gott, er möge sie erleuchten, heilen, reich machen oder führen. Die meisten unter uns haben gelernt, so zu beten, doch ist dies lediglich ein weiterer Beweis, dass wir uns abermals von der Quelle entfernt haben. Wir müssen verstehen, dass die göttliche Quelle in uns selbst liegt und durch uns zum Ausdruck kommt. Anstatt also die verschiedensten Dinge von Gott zu erflehen, sollten wir verstehen lernen, ihn als Licht zu erkennen, und dass wir zum Ausdruck Gottes werden, wenn wir in Verbindung mit diesem Licht stehen. Es ist wichtig, uns dieser Einheit bewusst zu werden und uns mit der göttlichen Macht in

Einklang zu bringen, anstatt Antworten und Hilfe von außen zu suchen.

Finde selbst Mittel und Wege, um den Kontakt zu deinem Licht herzustellen. Zuerst und vor allem musst du deine Sinne dafür einsetzen, um den Kontakt zu Gott herzustellen. Findest du die Dinge schön, die du siehst, so hast du den Eindruck, dass alle Dinge und Menschen heller und leuchtender werden. Höre in allem Gehörten nur Schönheit und Liebe. Versuche nur positive Gefühle zu empfinden. Berühre andere Menschen, Bäume, Tiere, Blumen oder dein Auto nur mit Liebe. Denke daran, dass du Gott berührst. All dein Besitz sollte dich ständig auf Gott und deine eigene göttliche Schaffenskraft aufmerksam machen. Wenn du isst, so empfinde es als Kommunion und Lichtnahrung.

Achte darauf, dass nur positive Worte über dich und die Welt über deine Lippen kommen. Bevor du sprichst, versichere dich, dass das Gesagte deinen oder den Wert anderer unterstreicht. Hebe immer die Schönheit der Dinge hervor.

Wir leben in einem spirituellen Universum und sind umgeben von Millionen Dingen und Wesen, die uns alle an Gott erinnern können. Diese innere Wirklichkeit kann unser Leben verwandeln. Unser Verhalten kann schließlich nur noch diese Transformation bezeugen. Leben wir in dieser Überzeugung und lassen uns von nichts und niemandem davon abbringen, so können wir nicht mehr verlieren. Menschen, die in dieser Energie leben, führen ein außerordentliches Leben und strahlen unmissverständlich Glück aus. Ist es nicht der Beginn allen Lebens, wenn wir diese innere Freude empfinden und mit unserer Umgebung teilen können. Dann gibt es nur noch die Wahrheit: „Ich bin das Licht meines Universums."

Folgenden Satz kannst du, so oft du willst, wiederholen, bis du die absolute Wahrheit in jeder einzelnen Zelle erfährst. **Visualisiere dich dabei als Wesen aus Licht.**

Ich bin Gott, Gott bin ich.

Ich möchte dieses Kapitel und dieses Buch mit folgendem Gedanken beschließen:

Wenn die Macht der Liebe
die Liebe zur Macht ersetzt hat,
dann wird der Mensch
einen anderen Namen haben:
Gott.

Sri Chimnoy

Nachwort

Kaufen wir ein Buch, so lesen wir es meistens von vorn bis hinten. Nur selten legen wir nach jedem Kapitel eine Pause ein, um den Inhalt auf uns wirken zu lassen. Doch könnten wir uns dadurch einiges Geld sparen, anstatt die Bücher der Reihe nach zu verschlingen und dann in einem Regal verstauben zu lassen. Eine volle Bibliothek ist noch lange kein Beweis für wirklichen Fortschritt. Für wahre spirituelle Entwicklung müssen wir lernen, den Inhalt der Bücher, die uns am Herzen liegen, in Liebe aufzunehmen. Bevor dieses Buch also als „erledigt" in einem Regal verschwindet, schlage ich dir vor, es noch einmal von vorn zu lesen und dir dabei die nötige Zeit zu lassen, allen Anweisungen zu folgen. Diese Entscheidung wird dir eine unerwartete Bereicherung sein.

Konstitutionstypen nach Sheldon

endomorph (emotional, viszeral)	mesomorph (physisch, somatisch)	ektomorph (geistig, zerebral)
Generelle Tendenz Scheint fest in der Erde verankert zu sein. Er benötigt viel Nahrung und Gesellschaftsleben für seine Entfaltung.	**Generelle Tendenz** Hat sich etwas von den natürlichen Quellen entfernt, sich jedoch mit starken offensiven und defensiven Mitteln versehen. Er erobert seine Ziele durch Muskeleinsatz und baut auf seine Jagdfähigkeiten.	**Generelle Tendenz** Scheint noch weiter von den natürlichen Quellen entfernt zu sein und hat die emotionalen und physischen Eigenschaften zugunsten seiner Sensibilität und dem Ausbau der Sinnesorgane zurückgestellt.
	Typische Verhaltensmerkmale	
1. Entspannte Haltung und Bewegung	1. Sichere und entschiedene Haltung und Bewegung	1. Zurückhaltende Haltung und Bewegung; gesteuerte Beschränktheit
2. Liebt Bequemlichkeit	2. Liebt Abenteuer	2. Übermäßige Körperreaktionen
3. Langsame Reaktionen	3. Energische Reaktionen	3. Übermäßig schnelle Reaktionen
4. Liebt Nahrung	4. Braucht und liebt körperliche Tätigkeit	4. Liebt Intimität
5. Isst gern in der Gruppe	5. Dominiert gern und ist machthungrig	5. Extreme geistige Anspannung; Aufmerksamkeit und Angst
6. Verdaut gern	6. Liebt Risiken und den Zufall	6. Geheimnisvoll, sentimental, kontrolliert seine Emotionen

7. Liebt höfliche Rituale	7. Furchtloses und direktes Auftreten	7. Beunruhigte Augenbewegungen und Mimik
8. Sehr gesellig	8. Körperlicher Mut im Kampf	8. Gesellschaftsscheu
9. Liebenswürdig ohne Diskriminierung	9. Aggressiv im Wettkampf	9. Aggressiv im Wettkampf
10. Großes Bedürfnis nach Zuneigung und Billigung	10. Gefühlskalt	10. Kein Gewohnheitsmensch
11. Auf seine Mitmenschen orientiert	11. Platzangst	11. Angst vor freien Plätzen
12. Emotionelle Stabilität	12. Wenig Mit- und Feingefühl	12. Vorhersehbar
13. Toleranz	13. Stimme ohne Zurückhaltung	13. Leise Stimme, um kein Aufsehen zu erregen
14. Friedliches Zufriedensein	14. Schmerzunempfindlich	14. Schmerzempfindlich
15. Tiefer Schlaf	15. Liebt Lärm	15. Schlafmangel
16. Mangel an Charakter	16. Scheinbare Reife	16. Jugendliches Aussehen und Verhalten
17. Leichte und freie Mitteilung von Gefühlen	17. Aktive Mitteilsamkeit	17. Introvertiertheit
18. Entspannt und gesellig unter Alkoholeinfluss	18. Selbstgefällig und aggressiv unter Alkoholeinfluss	18. Wenig Hang zu Alkohol und Drogen
19. Braucht andere in Krisen	19. Braucht Aktivität in Krisen	19. Braucht Einsamkeit in Krisen
20. Wendet sich seiner Kindheit und Familienbanden zu	20. Wendet sich Zielen und Aktivitäten seiner Jugend zu zu	20. Wendet sich dem späteren Leben zu

Bibliographie

Collection de la psychologie moderne. (Laffont Canada Ltée.)

Gawain, Shakti: *Leben im Licht.* (Heyne) München 1989/2000.

Hay, Louise: *Gesundheit für Körper und Seele.* (Heyne) München 1989/2004.

Hilarion: *Answers.* (Marcus Books)

Hilarion: *Body signs.* (Marcus Books)

Hilarion: *More answers.* (Marcus Books)

Hilarion: *Nature of reality.* (Marcus Books)

Hilarion: *Season of the spirit.* (Marcus Books)

Hilarion: *Symbols.* (Marcus Books)

Hilarion: *Threshold.* (Marcus Books)

Korenfeld, Edouard: *Les paroles du corps.* (Payot) Paris.

La médécine au foyer. (Grolier Ltée.)

Surany, Marguerite de: *Pour une médécine de l'âme.* (Guy Trédaniel) Paris 1987.

Victor, Jean-Louis: *Vivre, un métier qui s'apprend.* (Louise Courteau Ed.)

Stichwortverzeichnis

Lise Bourbeau

Lise Bourbeau zählt zu den bedeutendsten spirituellen Lehrerinnen unserer Zeit. Mehr als 20 Bücher hat die Kanadierin bisher geschrieben, darunter zahlreiche ins Deutsche übersetzte Bestseller wie „Dein Körper sagt: «Liebe dich!»" und „Höre auf deinen Körper, deinen besten Freund", die weltweit über 3,5 Millionen Mal verkauft wurden. Bereits 1982 gründete sie das heute größte Seminarzentrum Québecs: „Ecouté ton corps", das von Menschen rund um den Erdball besucht wird. Ihre praktische Ausbildung und die Botschaft, die sie vermittelt, haben mehr als einer Million Besuchern geholfen, konkrete Veränderungen in ihrem Alltagsleben zu bewirken. Ebenso zupackend wie einfühlsam versteht es Lise Bourbeau, ihren Lesern zu zeigen, wie sie Grenzen, die das Leben zu setzen scheint, überschreiten können, um Lebensziele wie Glück, Frieden, Gelassenheit und Selbstverwirklichung zu erreichen.

Les Editions E.T.C., Inc.
1102 Boulevard La Salette
J5L 2J7 St-Jérôme (Québec)
Canada
www.ecoutetoncorps.com